2020年主题出版重点出版物

一个都不能少

精准脱贫

中国扶贫故事

LEAVING NO ONE BEHIND
CHINA'S STORIES OF POVERTY ALLEVIATION

本书编委会 / 编写

当代世界出版社
THE CONTEMPORARY WORLD PRESS

出 版 说 明

贫困是人类社会面临的共同挑战。促进发展，消除贫困，实现一个没有饥饿、共同繁荣的世界是全人类孜孜以求的理想。

中国共产党和中国政府历来将减缓贫困、消除贫困作为国家发展的重要目标和任务，努力使经济社会发展成果惠及全体人民，最终实现全体人民共同富裕，满足人民对美好生活的向往。20 世纪 80 年代中期以来，中国开始有组织、有计划、大规模地开展扶贫开发工作。2012 年中国共产党第十八次全国代表大会以来，以习近平同志为核心的党中央，提出并实施精准扶贫、精准脱贫方略，把中国的反贫困实践推进到一个新境界。在 2017 年中国共产党第十九次全国代表大会报告中，习近平总书记进而强调，要坚决打赢脱贫攻坚战。通过数十年持续不断的扶贫开发，不仅有效缓解了中国贫困地区的状况、有力促进了贫困地区乃至全国经济社会发展，而且对于巩固中国共产党的执政基础、培养锻炼干部队伍、激发贫困群众内生动力、提升基层社会治理水平等都起到了重要作用。

在这场旷日持久、规模浩大的反贫困伟大实践中，中国共产党发挥了坚强的核心领导作用。在中国共产党的领导下，从中央到地方、从个人到企业，各方积极参与，各尽所能，各司其职，汇聚全社会的智慧和力量，探索出了多种成功的扶贫模式，涌现了许多可歌可泣的先进人物，绘就了一幅幅真实感人的画卷，谱写了中国扶贫事业的壮丽篇章。

出版《一个都不能少：中国扶贫故事》一书，旨在向国内外读者较全面地介绍中国特色扶贫的成功模式、鲜活事例及相关经验体会。全书从"一张蓝图绘到底""扶贫开出'新处方'""中国扶贫'走出去'"三个维度，选取了涉及教育扶贫、科技扶贫、卫生扶贫、产业扶贫、电商扶贫、生态扶贫、旅游扶贫、易地搬迁扶贫等 22 个各具特色的案例故事，寄望能够通过这些具体鲜活的案例故事，展现中国特色扶贫的丰富实践，分享中国特色扶贫的成功经验，为国际减贫事业贡献中国智慧、中国方案。

本书编委会

2019 年 12 月

序 言

携手迈上共同富裕的康庄大道

黄 平

全国政协委员、中国社会科学院研究员、
中国世界政治研究会会长

我怀着喜悦乃至激动的心情阅读了由中共中央对外联络部组织、中国国际扶贫中心外事处撰写的《一个都不能少：中国扶贫故事》的书稿。这部书稿通过22个精准扶贫的生动故事，阐述了党的十八大以来中国党和政府贯彻精准扶贫方略的政策举措，展示了中国从中央到地方、从企业（组织）到个人积极投入脱贫攻坚战的丰富实践，还介绍了中国在亚非一些发展中国家开展扶贫试点工作的初步成果。读罢，我浮想联翩。

中国共产党从成立之日起，就坚守为民族谋复兴、为人民谋幸福的初心，牢记全心全意为人民服务的宗旨。在推翻三座大山的伟大革命中，她就一直紧紧依靠人民，坚持一切为了人民。全国解放前夕中国共产党颁布《土地法大纲》，新中国成立不久颁布《婚姻法》，就是为了使当时占人口90%以上的农民获得赖以生存的土地，使占人口一半的妇女得到与男性平等的权利。新中国的前30年，伴随着土地改革和规模最大、持续时间最长的农田水利基本建设，也伴随着全民扫盲运动和爱国卫生运动的全面展开，不仅基本解决了多数人的吃饭、穿衣、治病、上学问题，而且实现了人均预期寿命翻番，并培育出了世界上最大的一支健康而耐劳的劳动力大军。

改革开放以来的40多年，中国更是在经济、政治、社会、文化、生态环境等领域创造了许多奇迹，其中最为世人称道的，就是成功地使7亿多人摆脱了贫困，使13亿人过上了小康生活。这是人类历史上规模最大、速度最快的脱贫运动，不仅彻底改变了中国的面貌，也为全世界的减贫和发展、为人类的和平与幸福作出了巨大的贡献。

需要指出的是，中国创造的脱贫奇迹，是在不断提高贫困户、贫困人口脱贫标准的情况下实现的，是在不断增加对其他国家和地区发展援助的情况下实现的，更是在从未对外发动侵略、殖民以及大规模移民的情况下实现的。

回想起来，我在改革开放之后也有幸多年参与老少边穷地区的扶贫开发研究，从提高农户收入，到推进乡村教育，再到改善卫生条件。从井冈山、延安到桑植、红安、金寨等革命老区，在西藏、内蒙古、青海、云南等地的民族地区，广大父老乡亲和基层干部给我留下了难忘的记忆，他们的言谈举止和音容笑貌也不时浮现在我的眼前。

现在，以习近平同志为核心的党中央领导的脱贫攻坚战即将宣告胜利，全面建成小康社会也即将实现。在共同富裕的路上，一个都不能少，一个都不能掉队。这是中国共产党、中国政府对亿万人民的庄严承诺。现在，承诺即将成为现实——这里的"一个"，既是一个县、一个乡、一个村，也是一个家、一个人！中国，将彻底告别绝对贫困！这将是中国共产党坚守初心的见证，将在中国五千年文明史上留下浓墨重彩的一笔。

对一个国家来说，没有共同富裕，就不会有全体人民的幸福安宁；对国际社会来说，没有共同发展，就不会有整个世界的持久和平。作为一个负责任的大国，中国一直致力于并将继续为人类减贫事业作出应有的贡献，愿意与国际社会分享扶贫开发的理念和经验。当代世界出版社出版《一个都不能少：中国扶贫故事》，意义就在于此。

是为序。

目 录

序 言   1

第一章
中国特色扶贫：人类历史上最伟大的故事之一

创造"世界纪录"的中国减贫奇迹   3

精准扶贫——中国特色   9

第二章
从中央到地方：一张蓝图绘到底

为了西畴富宁人民的幸福安康
——最高检27名挂职干部在云南接力扶贫24载   27

革命老区阜平的富裕路
——多措并举，增强脱贫内生动力   43

"红军摇篮、将军故乡"金寨县的脱贫之路
——发展光伏扶贫实现贫困户增收   55

闽宁镇从"干沙滩"到"金沙滩"的转变
——闽宁协作易地搬迁扶贫模式 65

上林县创业走上致富路
——粤桂协作"双培育"扶贫模式 80

云南贫困县健康扶贫见真效
——沪滇医疗卫生对口帮扶模式 92

十八洞村洞见传承与发展
——精准扶贫首倡地"风起苗寨，立言立行" 103

7村的沧桑巨变
——民族融合与产业扶贫助力新疆民生发展 115

河边精准扶贫与乡村振兴的成功实验
——公益助贫，多方参与 124

科左后旗生态扶贫闯新路
——通过生态保护和生态补偿促进减贫 138

兰考县三年脱贫的秘诀
——"焦裕禄精神"+"四面红旗" 147

第三章
从个人到企业：扶贫开出"新处方"

带领彝族山村脱贫的好书记
——"加减乘除法"为凉山发展"造血"   161

"卸职不卸情"的"拼命三郎"
——灵丘"脱贫路上好青年"马不停蹄投入攻坚战   170

"当代女愚公"的梦想
——幸福是奋斗出来的   184

身残志坚"女强人"
——"沂蒙精神"+"志""智"结合托起扶贫车间   193

公益职业教育阻断贫困的代际传递
——百年职校的免费职业教育扶贫模式   202

积极承担企业社会责任，助力毕节脱贫攻坚
——恒大的情怀："但愿苍生俱饱暖"   214

互联网助力中国扶贫
——阿里巴巴脱贫基金实践"互联网 + 扶贫"模式   224

第四章
从亚洲到非洲：中国扶贫"走出去"

为了命运共同体那一端的需要
　　——援助老挝教育公益项目的实践探索　　　　237

"立体扶贫"奏响草原新牧歌
　　——蒙古公益扶贫模式探索　　　　249

共筑周边命运共同体
　　——东亚减贫合作之柬埔寨示范项目　　　　260

培养自主发展能力
　　——中国—坦桑尼亚农业与减贫合作模式探索　　　　270

后　记　　　　281

第一章 中国特色扶贫：
人类历史上最伟大的故事之一

第一章 中国特色扶贫：人类历史上最伟大的故事之一

创造"世界纪录"的中国减贫奇迹

消除贫困，实现共同富裕，是中国共产党不变的初心与使命。中国共产党和中国政府始终将消除贫困作为执政兴国的最重要目标和优先任务之一，以高度的政治责任感和使命意识，坚持以人为本、执政为民的政治理念，努力使经济社会发展成果惠及全体人民。中华人民共和国成立以来，特别是改革开放以来，中国的减贫事业取得举世瞩目的成就，走出了一条经实践检验行之有效的中国特色扶贫开发道路。

新中国成立之初，是世界上最贫穷的国家之一。根据联合国"亚洲及太平洋经济社会委员会"的统计，1949年中国人均国民收入仅27美元，不足当时亚洲平均水平的三分之二。新中国成立后，经过中国人民长达20多年的自力更生和艰苦奋斗，初步建立起了门类较为齐全的工业基础和现代国民经济体系，为进一步的发展和实现国家现代化打下了坚实的基础。然而，由于中国人口规模巨大、发展基础参差不齐，

不同地区的发展条件和社会情况千差万别,到1978年,中国农村仍然有2.5亿人口没有能完全解决温饱问题。[1]

1978年12月召开的中国共产党十一届三中全会作出了将全党工作重心转移到经济建设上来,实行改革开放的历史性决策。这是新中国成立以来具有深远意义的伟大转折,开启了改革开放和社会主义现代化的新征程。从农村实行联产承包责任制到促进乡镇企业发展的一系列重大改革措施,释放了巨大的改革红利,极大地解放了农业和农村领域的社会生产力,使中国农村的贫困状况得到了普遍缓解。按照中国的国家贫困标准计算,1978—1985年中国农村贫困人口数量从2.5亿下降到1.25亿,贫困发生率(低于贫困线的人口占全部人口的比例)从30.7%下降到14.8%。[2]

农业农村改革虽然使农民普遍受益,但由于自然条件和人力资源禀赋的差异,不同农村群体之间以及地域之间的发展不平衡现象逐步显现,引起了党中央的高度重视。从1982年开始,中国政府针对经济发展明显落后、贫困人口较为集中的地区——"三西"地区(甘肃省以定西为代表的中部干旱地区、河西地区,宁夏回族自治区西海固干旱地区)实施了一系列帮助贫困地区和贫困人口发展的专项政策措施。这些政策措施包括:成立专门的扶贫工作机构、安排专项预算资金、制定针对特

---

[1] 范小建:《缓解和消除农村贫困的伟大成就》,中央政府门户网站,2009年9月28日,http://www.gov.cn/gzdt/2009-09/28/content_1428429.htm。

[2] 张磊:《中国扶贫开发政策演变:1949—2005年》,北京:中国财经出版社,2007年版,第43页。

定地区和特定群体的帮扶政策；对传统的扶贫理念和工作机制进行系统性改革，从救济式扶贫向开发式扶贫转变，变"输血"为"造血"；逐步形成以提升贫困地区和贫困农户的自我积累和发展能力为手段，实现帮助贫困群众走上可持续发展的富裕之路的扶贫模式。

随着有组织、有计划、大规模的扶贫开发工作力度不断加大，中国贫困人口逐年减少，贫困现象的特点和规律也随着发生了较大变化，贫困人口的分布呈现明显的地域性特征。根据新的形势，国务院于1994年3月制定和发布了指导全国扶贫开发工作的纲领性文件《国家八七扶贫攻坚计划（1994—2000年）》（简称《八七计划》），标志着中国的扶贫开发事业进入了一个新阶段。《八七计划》明确提出，在全国范围内集中人力、物力、财力，动员社会各界力量，力争用7年左右的时间，到2000年年底基本解决当时全国农村8000万贫困人口的温饱问题（按1990年不变价格计算人均年纯收入500元以上）。这是新中国历史上第一个有明确目标、明确对象、明确措施和明确期限的扶贫开发行动纲领。经过全国各地区、各部门的大力协作和共同努力，到2000年年底，农村绝对贫困人口下降到3209万，贫困发生率从7.6%下降到3.5%。

进入新世纪后，中国农村的贫困状况有了明显缓解，贫困人口大幅度降低。为继续解决农村剩余贫困人口的温饱问题，推进全面建成小康社会的进程，中国政府继续实施了大规模扶贫开发计划，同时出台了《中国农村扶贫开发纲要(2001—2010年)》。经过全国上下长达10年的持续努力，农村贫困人口的生存和温饱问题得到了基本解决，生产生活条件有了明显改善，贫困地区基础设施不断完善，社会发展水平不断提升，生态恶化趋势得到了有效遏制。按照 2010 年提高后的新的农村贫困标准（人均年纯收入 1274 元），农村贫困人口数量从 2000 年年底的 9422 万人减少到 2010 年年底的 2688 万人，贫困发生率从 2000 年的 10.2% 下降到 2010 年的 2.8%。[1]

2012 年中国共产党第十八次全国代表大会的召开，标志着中国的减贫事业进入到一个崭新的战略阶段。以习近平同志为核心的党中央对中国扶贫开发工作的指导方针做出了重大调整，2013 年首倡精准扶贫、精准脱贫基本方略，实现了扶贫开发的重大理论创新，开创了脱贫攻坚新局面。新时期扶贫开发工作的力度之大、规模之广、影响之深前所未有。2015 年 11 月，中共中央、国务院正式发布指导新时期脱贫攻坚工作的纲领性文件——《关于打赢脱贫攻坚战的决定》，明确提出了脱贫攻坚的任务和目标：到 2020 年，稳定实现农村贫困人口不愁吃、不愁穿，义务教育、基本医疗和住房安全有保障；实现贫困地区农民人均可支配收入增长幅度高于全国平均水平，基本公共服务主要领域指标接近全国平均水平；确保中国现行标准下农村贫困人口实现脱贫，贫困县全部摘帽，解决区域性整体贫困。

习近平总书记在 2015 年 11 月召开的中央扶贫开发工作会议上指出，消除贫困、改善民生、逐步实现共同富裕，是社会主义的本质要求，是我们党的重要使命。全面建成小康社会，是我们对全国人民的庄严承

---

[1] 《中国十年扶贫开发成绩突出 贫困人口减至 2688 万人》，中央政府门户网站，2011 年 11 月 16 日，http://www.gov.cn/jrzg/2011-11/16/content_1994713.htm。

诺。脱贫攻坚战的冲锋号已经吹响。我们要立下愚公移山志，咬定目标、苦干实干，坚决打赢脱贫攻坚战，确保到2020年所有贫困地区和贫困人口一道迈入全面小康社会。

党的十八大以来，脱贫攻坚工作取得了重大决定性成就。中国现行标准下的农村贫困人口（按2010年不变价格计算人均年纯收入2300元）从2012年年底的9899万人减少到2018年年底的1660万人，累计减少8239万人；贫困发生率从10.2%下降到1.7%；建档立卡贫困村从12.8万个减少到2.6万个；全国832个贫困县中，153个已宣布脱贫摘帽，连续6年超额完成千万减贫任务。[1] 按现行扶贫标准线衡量，从1978年到2018年，40年间中国农村贫困人口减少了7.6亿人，年均减贫人口规模接近1900万人，农村贫困发生率下降95.8个百分点。按照世界银行每人每天1.9美元的国际贫困线衡量，中国的极端贫困发生率由1981年的88.3%大幅降至2013年的1.9%，超过8.5亿中国人摆脱了贫困，[2] 减贫人口规模占同时期全球减贫总规模的70%以上，创造了世界减贫史上的"中国奇迹"。

为如期完成党中央提出的到2020年坚决打赢脱贫攻坚战和全面建成小康社会的历史性任务，当前中国的脱贫工作正处于攻坚拔寨的最后冲刺阶段。全国各地区、各部门都在以前所未有的热情和空前有力的举

---

[1] 综合2019年2月国务院政策例行吹风会，全国人民代表大会常务委员会专题调研组报告数据。

[2] 《扶贫开发成就举世瞩目 脱贫攻坚取得决定性进展》，国家统计局网站，2018年9月4日，http://www.stats.gov.cn/ztjc/ztfx/ggkf40n/201809/t20180903_1620407.html。

措投身于脱贫攻坚这项新时代赋予的伟大使命。我们坚信，有以习近平同志为核心的党中央的坚强领导，有全国人民的大力支持和积极参与，有贫困地区干部群众的艰苦奋斗，我们一定能够打赢这场脱贫攻坚战，决不落下一个贫困家庭、丢下一个贫困群众，确保到2020年实现中国现行标准下农村贫困人口全部脱贫、贫困县全部摘帽的目标，为实现中华民族伟大复兴的中国梦写下新的光辉篇章。

第一章　中国特色扶贫：人类历史上最伟大的故事之一

精准扶贫——中国特色

一、精准扶贫方略的提出

　　精准扶贫方略是习近平新时代中国特色社会主义思想中的重要内容。十八大以来，以习近平同志为核心的党中央高度重视扶贫开发工作，把扶贫开发摆到治国理政的重要位置，上升到事关全面建成小康社会、实现第一个"一百年"奋斗目标的新高度。打赢脱贫攻坚战，消除绝对贫困，实现现行标准下农村贫困人口全部脱贫，贫困县全部摘帽，解决区域性整体贫困，是全面建成小康社会的底线任务。

　　早在 2012 年年底，习近平总书记到河北省阜平县考察时，关于扶贫工作，他就讲过，不要用"手榴弹炸跳蚤"。2013 年 11 月，习近平总书记在湖南省湘西州十八洞村考察时首次提出"精准扶贫"概念，指出"扶贫要实事求是，因地制宜。要精准扶贫，切忌喊口号，也不要定好高骛远的目标"。之后，习近平总书记又在多个国内国际场合和重要会议上对精准扶贫做出重要论述。

在2014年10月17日的首个"扶贫日"之际，习近平总书记做出重要批示，"各级党委、政府和领导干部对贫困地区和贫困群众要格外关注、格外关爱，……要加大扶持力度，善于因地制宜，注重精准发力，充分发挥贫困地区广大干部群众能动作用，扎扎实实做好新形势下扶贫开发工作，推动贫困地区和贫困群众加快脱贫致富步伐"。2014年11月初，习近平总书记在福建省调研时又指出，"当年苏区[1]老区[2]人民为了革命和新中国的成立不惜流血牺牲，今天这些地区有的还比较困难，要通过领导联系……，加快科学扶贫和精准扶贫"。

2015年6月18日，习近平总书记在贵州省贵阳市主持召开涉及武陵山、乌蒙山、滇桂黔集中连片特困地区的扶贫攻坚座谈会上指出，"要在精准扶贫、精准脱贫上下更大功夫，做到扶持对象精准、项目安排精准、资金使用精准、措施到户精准、因村派人精准、脱贫成效精准（'六个精准'）。……实现贫困人口精准脱贫"。

2015年10月16日，习近平主席在"减贫与发展高层论坛"国际会议上强调，"中国扶贫攻坚工作实施精准扶贫方略，增加扶贫投入，

---

[1] 苏区：中国共产党在土地革命战争期间，采用"苏维埃政权"组织形式进行统治领导的地区。

[2] 老区：在土地革命战争时期、抗日战争时期及解放战争时期，在中国共产党领导下先后创建的根据地。

出台优惠政策措施,坚持中国制度优势",引起世界范围广泛热议,"精准扶贫"成为国内外减贫领域的关键词。

2015年12月18日,习近平总书记在中央经济工作会议上指出,"要实施精准帮扶,把钱花在对特定人群特殊困难的针对性帮扶上,使他们有现实获得感,使他们及其后代发展能力得到有效提升"。

2017年6月23日,习近平总书记在深度贫困地区脱贫攻坚座谈会上强调,"以解决突出制约问题为重点,强化支撑体系,加大政策倾斜,聚焦精准发力,攻克坚中之坚"。

随着扶贫理论的不断丰富和完善,精准扶贫、精准脱贫成为新时期中国脱贫攻坚的基本方略。2013年年底,中共中央办公厅、国务院办公厅印发《关于创新机制扎实推进农村扶贫开发工作的意见》,提出以建立精准扶贫工作机制为核心的六项机制创新和十项重点工作。相关部委围绕该文件出台了《关于改进贫困县党政领导班子和领导干部经济社会发展实绩考核工作的意见》《关于印发〈建立精准扶贫工作机制实施方案〉的通知》(简称《通知》)《关于印发〈扶贫开发建档立卡工作方案〉的通知》(简称《方案》)等配套政策文件。特别是《通知》和《方案》的出台,将精准扶贫要求落实到行动与实施层面,对精准扶贫工作模式的顶层设计、总体布局和工作机制等方面都做了详尽安排,推动了精准扶贫方略的全面开展。

2015年11月27—28日,中央扶贫开发工作会议召开,习近平总书记发表重要讲话,系统阐述精准扶贫、精准脱贫方略。会后,中共中央、国务院颁布《关于打赢脱贫攻坚战的决定》(简称《决定》),

要求各级党委和政府要把扶贫开发工作作为重大政治任务来抓，实施全党全社会共同参与的脱贫攻坚战。2016年12月，国务院印发《"十三五"脱贫攻坚规划》（简称《规划》），提出要按照党中央、国务院决策部署，坚持精准扶贫、精准脱贫基本方略，坚持精准帮扶与区域整体开发有机结合，大力推进实施一批脱贫攻坚工程。《规划》系统阐述了"十三五"时期脱贫攻坚工作的指导思想、目标以及产业发展脱贫等多项有关贫困人口和贫困地区脱贫的具体路径和方法。

为贯彻落实《决定》《规划》，中央及有关部门先后出台了100多项政策文件。精准扶贫正式成为中国共产党和政府今后一个时期对于贫困治理工作的基本方略，将对中国打赢脱贫攻坚战起到决定性作用。

二、精准扶贫方略的内涵

（一）精准扶贫方略的提出有其特殊的时代背景

实现全面建成小康社会的底线目标。"十三五"时期，是中国实现第一个"一百年"奋斗目标，即到2020年全面建成小康社会的关键时期。习近平总书记指出，"我们不能一边宣布实现了全面建成小康社会目标，另一边还有几千万人口生活在扶贫标准线以下。如果是那样，就既影响人民群众对全面小康社会的满意度，也影响国际社会对全面建成小康社会的认可度。所以'十三五'时期经济社会发展，关键在于补齐

'短板',其中必须补好扶贫开发这块'短板'"。

经济发展带动减贫效果弱化。长期以来,中国实施的是政府主导、市场和社会共同参与的扶贫开发模式,其中以市场主体为牵引的经济增长为农村持续大规模减贫提供了强劲动力,成为重要推动力量。从减贫过程看,1978—1985年农村经济的快速发展,使上亿贫困人口解决了温饱问题、摆脱了贫困。之后,随着市场经济发展和大规模农村劳动力向城镇非农就业转移,贫困农户非农收入快速增加,保持了农村大规模减贫的持续进程。2008年国际金融危机爆发后,特别是中国进入经济增长新常态后,经济增长带动减贫效益开始下降。经济增长的主体产业(新业态)的益贫性低,农业的规模经营和资金密集趋势也在逐步增强,通过劳动力转移、农业经营增收脱贫的局限性日渐明显。与此同时,社会转型步入各类利益冲突、社会矛盾多发期,经济增长变缓,经济发展对社会结构性矛盾的正向作用弱化,社会矛盾和风险凸显,社会负能量增加。为此,提升农村扶贫效益,有效解决贫困地区、贫困人口突出问题,成为促进共同发展、彰显执政为民理念、营造共谋共富社会氛围、将社会负能量转化为社会治理建设性力量的有效路径。

贫困治理困境与贫困固化趋势增强。一般来说,在政府、社会、市场多元贫困治理格局中,某一方力量的变化都会改变贫困治理格局,带来治理困境问题。当经济增长带动减贫强劲时,政府贫困治理能力不足以及减贫效益不高,并不会对减贫大局产生较大影响。但当经济增长带动减贫弱化后,如果公共力量特别是政府贫困治理能力问题尚未得到根本性解决,就会影响到减贫进程及效果乃至整个贫困治理格局,如导致

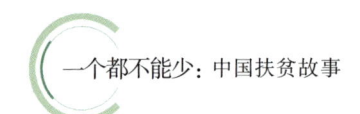

贫困结构固化等问题。长期以来，中国政府贫困治理中扶贫瞄准偏离问题一直没能很好解决，不少扶贫项目粗放"漫灌"、针对性不强等现象还比较普遍。中国扶贫标准线提高后，贫困人口规模较大幅度增加，其中相当一部分剩余贫困人口贫困程度深、致贫原因复杂、自我发展能力弱、返贫现象突出。这些贫困人口较难通过经济增长带动实现脱贫，政府传统扶贫治理方式效果已经十分有限。而这些贫困人口问题能否有效解决，将会影响到全面建成小康社会目标的如期实现，甚至会通过贫困代际传递造成贫困固化。

（二）精准扶贫方略有其哲学基础、政治基础和丰富内涵

第一，习近平精准扶贫方略的哲学基础。一是实事求是和从实际出发。实事求是是毛泽东同志对中国共产党的思想路线的概括与体现，要求从实际出发，探究事物发展的客观规律。进入脱贫攻坚阶段，中央对扶贫开发提出了更高要求（扶贫脱贫"不落一人"），同时扶贫形势出现了新的变化（经济增长带动减贫效益下降），这就需要在农村贫困治理中坚持实事求是和从实际出发原则，深入探析贫困现象的客观实在，探寻消除贫困的良方。习近平总书记指出，"发展是甩掉贫困帽子的总办法，贫困地区要从实际出发，因地制宜，把种什么、养什么、从哪里增收想明白，帮助乡亲们寻找脱贫致富的好路子"。

二是普遍联系与统筹兼顾。贫困问题的产生并非仅是贫困个体自身的原因，也与资源的拥有和利用、社会制度安排等相关。这就要求我们，

要从整体的角度去看待贫困和反贫困，既要从贫困者自身角度提出扶贫方案，也要看到贫困对社会发展全局的影响，将扶贫纳入经济社会发展的规划之中，统筹安排，形成整体联动。正如习近平总书记指出的，"没有贫困地区的小康，没有贫困人口的脱贫，就没有全面建成小康社会"。

三是对立统一与重点论。对立统一规律是唯物辩证法的核心规律，包含了事物发展中矛盾双方的同一性与斗争性，矛盾的普遍性与特殊性，矛盾双方发展的不平衡性。从矛盾学说来看，矛盾是普遍存在的，又具有特殊性，不同的矛盾和矛盾的不同方面在事物发展过程中的地位和作用各有不同，即主要矛盾和次要矛盾、矛盾的主要方面和次要方面；重点论强调分析和解决矛盾必须抓住主要矛盾、矛盾的主要方面，不能"眉毛胡子一把抓"。习近平总书记指出，"抓扶贫开发，既要整体联动、有共性的要求和措施，又要突出重点、加强对特困村和特困户的帮扶"。

第二，习近平精准扶贫方略的政治基础。中国农村贫困人口规模大、贫困程度深、致贫原因复杂。在脱贫攻坚阶段，扶贫干预主体多元、资源投入大，有序、有效推进脱贫攻坚系统工程，需要强有力的组织领导力。党和政府领导和主导、多元力量参与是中国贫困治理的重要特色。党的坚强领导和社会主义制度集中力量办大事的优势，是习近平精准扶贫方略的重要政治基础，是现有扶贫治理体制机制的重要保障。这种政治的稳定和优势，转化为中国扶贫开发的规划性和持续性优势。自20世纪90年代中期以来，中国先后实施了《国家八七扶贫攻坚计划（1994—2000年）》《中国农村扶贫开发纲要（2001—2010年）》《中国农村扶贫开发纲要（2011—2020年）》，长期坚持实施了具有共同富裕性质的东西部扶贫协作和定点扶贫。脱贫攻坚阶段，脱贫任务重的省份把脱贫攻坚作为"十三五"期间头等大事和第一民生工程来抓，省市县乡村五级党组织的书记一起抓扶贫，党政一把手签订脱贫攻坚责任书、立下军令状，层层压实责任，实行严格责任制度。同时，向贫困村派出第一书记[1]和驻村工作队，把脱贫攻坚任务落实到"最后一公里"，不脱贫就不脱钩。

第三，习近平精准扶贫方略的丰富内涵。习近平精准扶贫方略的核心是从实际出发，找准扶贫对象，摸清致贫原因，因地制宜，分类施策，开展针对性帮扶，实现精准扶贫、精准脱贫。从扶贫开发工作的内容看，习近平精准扶贫方略的内容集中体现在习近平对"扶持谁""谁来扶""怎么扶""如何退"四个核心问题的阐述上。

一是"扶持谁"的问题。习近平总书记指出，"要坚持精准扶贫、精准脱贫。要解决好'扶持谁'的问题，确保把真正的贫困人口弄清楚，把贫困人口、贫困程度、致贫原因等搞清楚，以便做到因户施策、因人施策"。解决"扶持谁"的问题，要求实现"扶持对象精准"，具体工作内容为精确识别和精准管理。2013年年底，中共中央办公厅、国务院办公厅印发《关于创新机制扎实推进农村扶贫开发的意见》，提出由

---

[1] 第一书记：为推动基层扶贫与振兴，国家从各级机关优秀干部、后备干部，以及国有企业、事业单位优秀人才等人员中选拔先进党员到贫困村担任"第一书记"，一般任期在2年以上。第一书记在乡镇党委领导下，带领村党支部委员会和村民自治委员会开展扶贫工作，提升治理服务水平。第一书记是农村党支部的第一责任人、第一领导人，其地位、权力、责任均在原有的村党支部书记之上。

国家统一制定识别办法，并按照县为单位、规模控制、分级负责、精确识别、动态管理的原则，开展贫困人口识别、建档立卡和建立全国扶贫信息网络系统等工作。2014年5月，国务院扶贫办等中央部门联合印发关于建档立卡、建立精准扶贫工作机制等文件，对贫困户和贫困村建档立卡的目标、方法、步骤、工作要求等做出部署。2014年4—10月，全国组织80万人深入农村开展贫困识别和建档立卡工作，共识别12.8万个贫困村、8962万贫困人口，建立起全国扶贫开发信息系统。2015年8月至2016年6月，全国动员近200万人开展建档立卡"回头看"，补录贫困人口807万，剔除识别不准人口929万，较好地解决了"扶持谁"的问题。

二是"谁来扶"的问题。习近平总书记指出，"要解决好'谁来扶'的问题，加快形成中央统筹，省（自治区、直辖市）负总责，市（地）县抓落实的扶贫开发工作机制，做到分工明确、责任清晰、任务到人、考核到位"。建立脱贫攻坚责任体系。2016年2月，中央出台《省级党委和政府扶贫开发工作成效考核办法》，要求脱贫攻坚任务重的省份的党政主要负责人向中央签署脱贫责任书，然后往下层层签订脱贫责任书、立下军令状，形成省市县乡村五级党组织书记抓扶贫工作格局。此外，要求普遍建立干部驻村帮扶制度，截至2016年年底，全国共选派77.5万名干部驻村帮扶、18.8万名优秀干部到贫困村和基层组织薄弱涣散村担任第一书记，解决扶贫"最后一公里"难题。东西扶贫协作深化，结对关系调整完善。东部267个经济较强县（市、区）结对帮扶西部406个贫困县，中央层面共有310个单位定点帮扶592个贫困县，

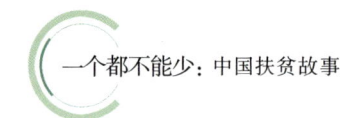

实施"百县万村"工程、"万企帮万村"等社会扶贫行动。

三是"怎么扶"的问题。习近平总书记指出,"要解决好'怎么扶'的问题,按照贫困地区和贫困人口的具体情况,实施'五个一批工程'[1]","要提高扶贫措施有效性,核心是因地制宜、因人因户因村施策,突出产业扶贫,提高组织化程度,培育带动贫困人口脱贫的经济实体"。推进精准帮扶工作是解决"怎么扶"问题的重点,实现"项目安排精准、资金使用精准、因村派人精准"。瞄准建档立卡贫困对象,建立需求导向的扶贫行动机制,深入分析致贫原因,逐村逐户制定帮扶计划,使专项扶贫措施与精确识别结果和贫困人口发展需求相衔接。2015年11月,中共中央、国务院印发《中共中央国务院关于打赢脱贫攻坚战的决定》(简称《决定》),进一步阐明精准扶贫、精准脱贫方略。中共中央办公厅、国务院办公厅出台11个《决定》配套文件。2016年12月,国务院印发《"十三五"脱贫攻坚规划》。自实施精准扶贫以来,中央和国家机关各部门共出台100多个政策文件或实施方案,各地方相继出台和完善"1+N"[2]的脱贫攻坚系列文件。需求导向、全员参与、有效对接的扶贫脱贫帮扶体系业已形成。

四是"如何退"的问题。习近平总书记指出,"精准扶贫是为了精

---

[1] "五个一批工程":发展生产脱贫一批、易地搬迁脱贫一批、生态补偿脱贫一批、发展教育脱贫一批、社会保障兜底一批。

[2] "1+N":"1"即《关于深入推进精准扶贫工作的实施意见》,"N"即"村道硬化、饮水安全、动力农电、农村危房改造、富民产业培育、标准化卫生室建设、村文化服务中心、劳动力培训、义务教育和学前教育、社会保障"等十个精准扶贫专项实施方案。

准脱贫。要设定时间表，实现有序退出，既要防止拖延病，又要防止急躁症。要留出缓冲期，在一定时间内实行摘帽不摘政策。要实行严格评估，按照摘帽标准验收。要实行逐户销号，做到脱贫到人，脱没脱贫要同群众一起算账，要群众认账"。2016年4月，中共中央办公厅、国务院办公厅印发《关于建立贫困退出机制的意见》，对贫困户、贫困村、贫困县退出的标准、程序和相关要求做出细致规定，为贫困人口退出提供制度保障。严格实施考核评估制度，组织开展省级党委和政府扶贫工作成效考核，就各地贫困人口识别和退出准确率、因村因户帮扶工作群众满意度、"两不愁三保障"实现情况等开展第三方评估；结合收集的情况和各省总结，按照定性定量相结合、第三方评估数据与部门数据相结合、年度考核与平时掌握情况相结合的原则，对各省（自治区、直辖市）脱贫攻坚成效开展综合分析，形成考核意见；对综合评价好的省份通报表扬，对综合评价较差且发现突出问题的省份，约谈党政主要负责人，对综合评价一般或发现某些方面问题突出的省份，约谈分管负责人。将考核结果作为省级党委、政府主要负责人和领导班子综合考核评价的重要依据。

习近平总书记关于扶贫工作的重要论述在战略上旗帜鲜明地将人放到首位，精准到户到人，以户以人为中心；在方法手段措施上精准到人到户，靶向扶贫，个性化施策；在实施效果持续性上提出精准可持续的系列方法体系。这是精准扶贫的根本创新之所在，是以人民为中心的发展思想和习近平新时代中国特色社会主义思想的重要体现。

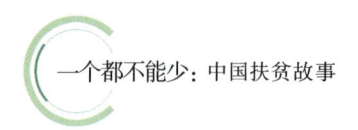

三、精准扶贫方略的意义

习近平总书记关于精准扶贫的重要论述，是对马克思主义人类发展观、反贫困思想在新时期中国的重要发展，是马克思辩证唯物主义和历史唯物主义在中国扶贫实践中的重要体现。从创新角度来说，习近平总书记关于扶贫工作的重要论述是马克思主义理论中国化的具体体现，是习近平新时代中国特色社会主义思想的具体体现，这既是伟大的思想创新、生动的实践创新，同时也是深刻的制度创新。精准扶贫思想的时代价值和意义，既体现在指导国内精准扶贫理论创新、顶层设计、基层实践上，也体现在为全球减贫治理提供中国方案上。

（一）习近平精准扶贫方略的重大国内意义

党的十八大以来，中国扶贫开发步入攻坚拔寨重要时期，贫困问题的复杂性、艰巨性前所未有，扶贫理论创新需求迫切。习近平精准扶贫方略的理论指导价值体现在建构综合性扶贫治理、内生性反贫困理论等方面。习近平总书记强调，要将条件差、基础弱、贫困程度深的深度贫困地区和贫困人口作为扶贫开发的重点，分类施策，实施"五个一批"扶贫开发路径，要因地制宜，因人因户因村施策。这就要求在反贫困理论创新中探索综合性扶贫理论：在对贫困问题复杂性深刻认识的基础上，既要注重分析致贫的共性要素，以共性要素为依据，因地制宜探索多层次扶贫脱贫路径；又要考虑到贫困个体致贫的具体个性因素，开展多层次、精细化的针对性帮扶。习近平总书记指出，"防止返贫和继续攻坚同样重要，已经摘帽的贫困县、贫困村、贫困户，要继续巩固，增强'造血'功能，建立健全稳定脱贫长效机制"。他还指出，"要加强基层基础工作。要加强贫困村两委（村党支部委员会和村民自治委员会）建设，深入推进抓党建促脱贫攻坚工作，选好配强村两委班子，培养农村致富带头人，促进乡村本土人才回流，打造一支'不走的扶贫工作队'"。

贫困人口实现自我发展是扶贫的根本，要把扶贫与扶志、扶贫与扶智相结合，激发内生动力，建立长效脱贫机制。这就要求扶贫理论创新要将贫困地区和贫困人口的内生发展摆在更加突出的位置，着力探讨培育贫困群众内源发展的治理机制，为贫困人口实现自我发展提供理论依据。

精准扶贫方略是脱贫攻坚实践创新的行动指南。脱贫攻坚时期，农村贫困人口多，贫困程度深，致贫因素复杂，返贫现象较为突出，并呈现出结构固化趋势。贫困问题的解决，除了要下更大的决心和投入更多的资源外，更迫切需要合理、有效的贫困治理新方略。习近平精准扶贫方略中的"扶真贫、真扶贫、真脱贫"要求为脱贫攻坚阶段扶贫开发明确了工作目标；"六个精准"论述为扶贫工作方式转变提供了方向和着力点，"五个一批"脱贫路径论述为扶贫工作指明了工作重点任务；对"扶持谁、谁来扶、怎么扶、如何退"问题的阐述对扶贫开发体制机制创新、建构等都具有重要的指导价值。

（二）习近平精准扶贫方略的重大国际意义

习近平总书记指出："在实践中，我们形成了不少有益经验，概括起来主要是加强领导是根本、把握精准是要义、增加投入是保障、各方参与是合力、群众参与是基础。这些经验弥足珍贵，要长期坚持。"其国际减贫价值和意义体现在以下方面：

第一，以实施综合性扶贫策略回应发展中国家贫困问题的复杂化和艰巨性。从全球范围看，致贫原因呈现多元化、差异化等特征。由于贫困问题的复杂性，单一力量或单一减贫措施治理贫困问题很难取得突破性成绩。因此，在贫困治理中，要注重以扶贫对象需求为导向，分类施策，采取针对性扶贫措施，将扶贫资源供给与扶贫对象需求有效衔接；注重将扶贫的综合性与精准度相结合，形成综合性扶贫脱贫思路，实施精准扶贫和实现精准脱贫。

第二，发挥党和政府在减贫中的主导作用，以应对全球经济增长带动减贫弱化的普遍趋势。习近平精准扶贫方略将加强党和政府引导和主导作用作为减贫成效提升的根本。在精准扶贫实践中，强化党和政府主导贫困瞄准、贫困干预、脱贫成效评估等减贫全过程。除不断加大投入之外，还通过"中央统筹、省负总责、市（地）县抓落实"管理机制提升政府整体扶贫效能，激发强大的扶贫动能，构筑多元主体参与的扶贫格局。

第三，自上而下与自下而上相结合的贫困识别机制，解决了贫困瞄准的世界性难题。总体而言，国际通用的贫困识别方法主要有自上而下的识别方法（如个体需求评估法）和自下而上的贫困识别方法（如以社区为基础的瞄准方法），这两种方法在单独运用中都存在一定的局限性。贫困的识别是一项专业性强、复杂性高的技术性工作，基层干部往往难以胜任贫困识别的专业性工作，在贫困规模庞大的情况下，采用一家一户的家计调查的贫困识别成本高、耗时长，且难以排除贫困变动对识别精准的干扰。采取统计部门抽样测算贫困规模、自上而下逐级分解贫困指标的方法较好保证了贫困识别的科学性。通过农户自愿申请、民主评议等自下而上的识别机制，能提高贫困识别的群众参与度和监督效果，较好保障贫困识别的真实性。在习近平精准扶贫方略指导下，中国逐步形成和完善了自上而下（指标规模控制、分级负责、逐级分解）与自下而上（村民民主评议）相结合的精确识别机制，对国际减贫瞄准方法的完善具有积极的意义。

精准扶贫方略是对现代国家贫困治理理论体系的一大重要贡献，是打造全球现代治理体系、构建人类命运共同体思想的重要组成部分。

第二章 从中央到地方：
一张蓝图绘到底

"人民对美好生活的向往，就是我们的奋斗目标。"中国共产党十八大以来，以习近平同志为核心的党中央，对脱贫攻坚进行了全面部署，形成了"中央统筹、省负总责、市县抓落实"的工作机制。党中央探索建立了脱贫攻坚制度体系，坚持党的领导，发挥政府投入的主体和主导作用，并深化东西部扶贫协作、中央单位定点扶贫、军队和武警部队扶贫，重点支持革命老区、民族地区、边疆地区、连片特困地区脱贫攻坚。从闽宁对口扶贫，到沪滇医疗卫生对口帮扶、粤桂协作，形成了东西部双向互动、共赢发展的格局。从最高人民检察院在云南接力扶贫24载，到国家机关事务管理局助力革命老区阜平走上富裕路，充分体现了中国共产党人不忘初心"真扶贫"的担当。

精准扶贫是中国减贫事业的基本方略与特色方针，习近平总书记全面阐述了"扶持谁、谁来扶、怎么扶、如何退"四个问题，为全国扶贫开发工作提供了指南。从精准扶贫"首倡之地"十八洞村实现精准脱贫，到"焦裕禄精神"源地兰考县完成3年脱贫，从金寨县光伏扶贫，到新疆维吾尔族自治区产业扶贫、内蒙古自治区科左后旗生态扶贫，打赢脱贫攻坚的号角在大江南北吹响，全面建成小康社会的蓝图在中华大地展开。

第二章 从中央到地方：一张蓝图绘到底

为了西畴富宁人民的幸福安康

——最高检 27 名挂职干部在云南接力扶贫 24 载

党政军机关、企事业单位开展定点扶贫是中国特色扶贫开发事业的重要组成部分，也是中国政治优势和制度优势的重要体现。定点扶贫是以国家扶贫开发工作重点县为主要对象，安排特定单位投入资金和安排专门人员进行对口帮扶。[1]自 1995 年以来，在党中央、国务院的部署下，最高人民检察院（简称"最高检"）与云南省文山州西畴县结下了定点扶贫关系。2015 年，最高检又承接了定点帮扶文山州另一个扶贫开发重点县——富宁县的任务。

截至 2019 年年初，最高检共投入和协调引进各类扶贫资金 67.35 亿元，派遣扶贫挂职干部 27 位，帮助西畴和富宁两县解决了许多发展

---

[1] 党的十八大以来，参与定点扶贫的中央单位达到 320 个，实现了对贫困县的全覆盖，累计向贫困县选派挂职干部 1266 人次，投入帮扶资金 69 亿元，帮助引进资金 363 亿元。

中的困难和问题。

2018年，西畴县完成地区生产总值39.51亿元，是1995年的16.5倍；农村常住居民人均可支配收入9552元，是1995年的26倍，当年西畴县实现脱贫摘帽。2018年，富宁县完成地区生产总值92.4亿元，是2015年的1.28倍；农村常住居民人均可支配收入10488元，是2015年的1.31倍；贫困人口从2015年的6.16万人减少到0.40万人。富宁县按计划将于2019年脱贫出列。

一、24年的接力扶贫

西畴县位于云南省东南部，面积1506平方公里，其中山区面积占全县总面积的99.99%，裸露、半裸露的喀斯特地貌山区占75.4%，是全省石漠化程度最严重的地区之一。当地户籍人口为26万人，但一方水土不能养活一方人。在西畴县，曾流传着这样的顺口溜："山大石头多，出门就爬坡；春种一大片，秋收一小箩。"这是当年老百姓生活的真实写照。1985年，全县农民人均纯收入仅165元，被认定为国家级贫困县。1990年，全县处在温饱线下的贫困人口占总人口的87.3%，扶贫开发任务十分艰巨。

富宁县是与西畴县毗邻的另一个国家扶贫开发重点县，面积5352平方公里，户籍人口为42万人。富宁县南与越南河江省接壤，东部和北部与广西壮族自治区毗邻，地处两国三省十县结合部，是云南通往广西、广东等沿海地区的重要门户。长期以来，由于基础薄弱，自然条件恶劣，贫困面较大，贫困落后的面貌长期得不到根本性的改变。至 2015 年，全县 13 个乡镇中还有 6 个贫困乡镇、46 个贫困村、61635 贫困人口，贫困发生率达 15.8%，贫困面大、人口多、程度深。

自 1995 年起，最高人民检察院与云南省文山州西畴县结成了定点帮扶关系，最高检派出挂职干部长期在西畴县开展扶贫工作，紧紧围绕西畴县扶贫开发工作的实际需要，以改善人民群众生产生活条件、增加贫困群众收入和帮助贫困群众如期实现脱贫为主要目标，为西畴广大贫困群众解决了许多实际困难和问题，有力推动了西畴经济社会发展。2015 年，最高检在持续帮扶西畴县的同时还接受了定点帮扶富宁县的新任务，进一步加大了对云南省定点帮扶地区的帮扶力度，坚持整体推进与重点难点突破相结合，确保精准扶贫工作落地生效；坚持定点帮扶与社会参与相结合，切实形成精准扶贫的整体合力；坚持启发觉悟与政策引导相结合，着力激发贫困群众脱贫致富的内生动力；坚持当前脱贫与断代脱贫相结合，确保精准扶贫的长期成效。

二、多管齐下助力脱贫攻坚

（一）以基础设施建设为突破，带动脱贫致富

1995 年，最高人民检察院第一批挂职干部到西畴县上任之后，走

村入户广泛联系和访问群众，对该县的社情、民情进行了全面调查。挂职干部认识到，导致西畴县长期贫困落后的最主要原因是当地恶劣的自然地理条件和落后的基础设施水平。基础设施不改善，不解决交通和能源方面的瓶颈问题，西畴的贫困面貌就难以从根本上得到改变。

为此，最高检扶贫工作组将帮助西畴县通路、通电、通水作为定点帮扶的首要工作，并积极与国家发改委、交通部、水利部和银行等部门接洽，争取国家的政策和资金支持，帮助西畴县争取到了打通当地交通瓶颈的多个国家公路建设项目。其中，仅文天高速公路和那洒高速公路两个工程项目就为西畴争取到 67.8 亿元财政资金的支持，大幅度改善了西畴的交通条件，促进了当地经济社会的发展。

同时，西畴还面临着严重的缺水问题。全县 9 个乡镇中，有 5 个乡镇 75% 的人口缺水，全县缺水人口达 13.9 万人，每年缺水 30—100 天，最多年份达 150 天，群众外出取水单程一般在 2 公里，少数地方在 20 公里以上。缺水已经成了横在西畴县发展道路前面的一座大山。为此，最高检从 20 世纪 90 年代中期开始通过各种方式筹集资金为西畴县建设水利工程，有效解决了当地部分群众的饮水难问题。2015 年，总投资近 1 亿元的重点扶贫工程项目南昌水库正式开工。水库建成后，解决了西畴县周边村寨 11316 人、44327 亩耕地的人畜饮用和灌溉用水，极大地缓解了当地的缺水状况，有效改善了贫困群众的生活条件，促进了当地的农业生产。

为确保贫困地区在信息化时代不掉队，充分利用信息化手段促进地区经济发展和扶贫开发。自 2013 年以来，最高检协调工信部支持文山

第二章 从中央到地方：一张蓝图绘到底

西畴县南昌水库工程

壮族苗族自治州申报创建"宽带中国"示范城市，文山壮族苗族自治州于 2016 年成为全国 39 个获批创建"宽带中国"示范城市之一，也是 2016 年度云南省唯一获批此项目的州（市）；协调将西畴县列入京东农村电子商务全国示范县；帮助富宁县成功申报全国电子商务进农村综合示范项目，获得财政补助资金 2000 万元；引进户联控股有限公司投资 1.2 亿元建设富宁县电子商务智慧园。

富宁县电子商务智慧园

（二）以产业发展促脱贫

产业扶贫是开发式扶贫的核心和根本，是实现贫困家庭持续稳定脱贫的重要途径。最高检认识到，西畴要如期完成脱贫攻坚任务，实现真正意义上的脱贫致富，根本还是要依靠地方优势产业特色产业的发展，让群众掌握致富本领，变"输血"为"造血"。为此，最高检通过各种渠道，积极为当地群众发展特色产业想办法、谋出路。通过发展种养殖业、旅游业、家庭工厂以及电商经济等，确保建档立卡贫困户有持续稳定的增收保障。

为帮助当地贫困群众发展特色优势产业，最高检自筹扶贫资金支持西畴县两个贫困村建设了养猪场并建立了合作社，带动89户建档立卡贫困户参与合作发展。2018年，2000头养殖规模的现代化夹山养殖场已投入运营，上冲养殖场基础设施完工即将投入使用。同时，最高检帮扶干部还根据西畴当地的农业生产条件，充分发挥特色农产品的市场优势，帮助村集体建设了酒厂，发动群众种植优质柑橘，在下冲、三家寨开展土鸡养殖，帮助贫困群众成立了多个养殖和种植业合作社，并针对小锅酒、土鸡蛋和柑橘等产品申请商标，全力打造地方特色扶贫产品。为解决农产品的销售问题，帮助农户实现与市场对接的"最后一公里"，最高检挂职干部还大力帮助当地贫困户发展电商经济、家庭工厂经济，在瓦厂村试运行"太阳谷有机商城"电商平台，平台运行第一个月就为建档立卡贫困户毕兴姚家增收3000余元。

在富宁县，最高检使用相关厅局党组织结对帮扶资金4.32万元支持食用菌产业，利用本单位扶贫资金支持建档立卡贫困户发展养牛业，引导群众成立养牛合作社。2017年最高检投入扶贫资金120万元，以对口帮扶贫困村集体财产名义入股养牛合作社，每年为村民分红一次。同时还帮助建立了村电子商务公共服务站，拓宽了该村特色农产品外销渠道。2016—2017年，最高检在富宁县投入扶贫资金约317.29万元，捐赠物资约50万元，累计协调项目引进资金办实事106个(件)，涉及资金总额57.7亿元，有力推进了全县脱贫攻坚工作。

根据富宁县旅游资源丰富、具有独特的民族文化和良好的区位交通优势等特点，最高检扶贫工作组积极推动富宁县发展全域旅游产业，使旅游成为富宁县经济增长的新引擎，带动经济社会的全面转型发展。在旅游扶贫发展规划中，重点对那耶梯田、低海拔训练中心基地、坡牙村景区进行景观提升，形成以坡芽村为中心的剥隘4A级旅游景区、那耶梯田文化生态旅游景区，充分展示文化富宁、生态富宁的旅游新形象，帮助富宁县盘活特色优势资源，形成滇桂越（南）重要旅游集散地。

经过多年的努力，在西畴和富宁两县已初步形成了"大帮扶、大协调、大参与"的产业扶贫格局。在最高检的支持帮助下发展起来的特色

① 村民在最高检协调四川省司法厅帮扶援建的西畴县电子线圈扶贫车间生产

② 最高检助推富宁县新华镇格当村食用菌产业发展

优势产业在当地的脱贫攻坚中发挥了重要作用。

（三）以扶智促脱贫，以教育促发展

在 1995 年与西畴县结成对口帮扶关系之初，最高检就意识到扶贫要扶根，关键是教育。让大山之外的知识和信息通过教室走进大山，贫困才能真正被赶出大山。从 20 世纪 90 年代中期开始，最高检捐款捐物帮助西畴县贫困乡镇兴建学校发展教育。最高检历任领导都为西畴县的教育发展进行了个人捐助。

20 多年来，最高检先后为西畴县协调和投入资金 2500 余万元帮助当地新建希望小学 12 所、"一师一校"村级小学 13 所，帮助一批边远山区小学配备了电脑等教学设备。通过各种途径为 1000 余名贫困学生争取特困补助资金 200 余万元。为提升当地教学质量，最高检帮助输送了 88 名当地教师到清华大学培训，并协调清华大学培训专家到西畴县对 2800 名教师进行专题培训，实现两年将西畴骨干教师轮训一遍的目标。同时，最高检还开展结对助学活动，联系北京市、天津市和福建省等发达省市的检察机关结对帮西畴县贫困家庭子女，发放助学金 12 万元。联络中华儿慈会等机构为汤谷民族小学在校师生募集台灯，共募集到善款 1 万余元、实体台灯 40 余个，实现了对汤谷民族小学在校师生捐赠全覆盖。

在富宁县，为促进当地教育均衡发展及教育精准扶贫工作，最高检为定点扶贫村——新华镇格当村学前至大学贫困在校生设立了 20 万元

助学金，每年9月10日教师节前发放。同时，向受助学生进行感恩教育，培养他们的自强意识，立志做一个对国家、社会、人民有益的人，以优异成绩和实际行动回馈社会。为提升当地的教学条件和办学水平，最高检还协调中央预算内补助资金2000多万元建设了富宁县第三小学、富宁县洞波乡中心小学和最高检格当希望小学综合楼。利用最高检自有扶贫资金，支持对口帮扶村格当村希望小学25万元，用于购买学校附属设施、课联网一体机、太阳能路灯、电脑图书等，并向富宁县特殊教育学校捐赠8万元。为提升当地教师的业务能力，还协调安排富宁县30名骨干教师、校长到中国人民大学附属中学参加培训；安排富宁县1名小学校长到清华大学附属小学跟班学习1个月。

此外，最高检还协调中国人民大学附属中学为文山壮族苗族自治州8个县（市）开通中小学教育联盟网，全州师生可免费共享优质教育资源；促成了中国发展研究基金会与西畴、富宁两县的项目签约，共援建200所山村幼儿园，极大帮助了贫困地区儿童获得优质学前教育；协调和投入资金270余万元，成功将"女子太阳山祭祀"申报为国家非物质文化遗产，并使西畴县获得"中国壮族童谣之乡"称号。通过系列扶智行动，大幅改善了西畴、富宁两县的教学条件，提高了当地教师的业务素养和能力水平，为当地脱贫及实现可持续发展奠定了有利的社会人文基础。

第二章 从中央到地方：一张蓝图绘到底

① 最高检向西畴县贫困大学生发放募捐助学金
② 最高检捐资20万元成立富宁县新华镇格当村籍贫困学生助学金

37

① 最高检协调援建的富宁县第三小学

② 最高检资助和协调援建的富宁县新华镇格当村希望小学教学楼

③ 最高检协调中国发展研究基金会援建西畴县和富宁县各100所山村幼儿园

（四）助力地方干部培养，加强管理能力建设

在定点扶贫过程中，最高检高度重视提升扶贫县干部的工作能力，特别是注重直接服务群众的基层干部的培养锻炼，先后从文山壮族苗族自治州机关选派 2 名、西畴、富宁两县各选派 1 名干部到最高检挂职锻炼，每年轮换 1 次。为提升基层干部业务能力，共举办干部人才培训 20 余次共 5000 余人。2016—2019 年，最高检先后举办了多期定点帮扶地区党政干部培训班，为文山壮族苗族自治州党政干部量身定制教学计划，进行专题培训。在 2018 年 11 月举办的以"扶贫干部高效工作法与执行力提升"为主题的业务培训中，富宁县、西畴县处级领导、乡（镇）班子成员、全体驻村扶贫工作队员等 2120 名干部参加培训，取得了良好效果。

人物故事——北京派来的好干部：冀永生

冀永生，时任最高检反贪污贿赂总局一局侦查四处副处长。2015 年 11 月告别妻子和刚满周岁的孩子，作为最高检第 11 批扶贫干部远赴西畴县，挂职西洒镇瓦厂村第一书记，开始了为期两年的驻村生活。两年里，他曾多次徒步 22 公里往返瓦厂村与西畴县城，亲身体验当地群众出行困难；在走访贫困户的过程中遭遇刹车失灵，汽车差点翻下悬崖……

刚到村里时，当地的闭塞落后和艰苦的生活条件，让他心里倍感沉重。冀永生来到村里唯一一所小学——汤谷民族小学的宿舍，

看见只有标准床一半大小的小床，上面睡2—4个孩子，20平方米左右的一个小房间装着20余个孩子。孩子们对他说，喜欢在学校里住，不愿意放假回家。冀永生问孩子们为什么，校长解释说："因为放假回家吃不到肉。在学校，至少中餐是有肉吃的。"听完校长的解释，冀永生内心一阵难过。

他在当天的驻村日记中写道："看着路两边破落的村寨、蜿蜒的山路，当地的穷困已经远远冲破了我的情感所能控制的程度，除了流泪还是流泪……他们已经这样生活了这么多年，始终对我们抱着希望，依然那么淳朴、可亲和可敬，我没有理由不尽全力帮他们。"

来到瓦厂村后不久，冀永生立刻调整了心态。他说："首先要忘掉自己的身份，既然来扶贫，那就是做实事来了。"两个多月时间，冀永生把瓦厂村15个村寨89户建档立卡贫困户全部走访一遍，令其他村干部们由衷敬佩。

他先后慰问贫困群众、大学生20余人次，帮助捐款、捐物20余万元。他大力实施产业扶贫，多方考察，帮助成立慧众、新森两个养殖合作社，吸收53户204名贫困群众入社，依托最高检出资135万元建设现代化养殖场，并向省农业厅申报200万元的沼气项目。

不仅如此，冀永生还依靠组织和领导关系，协调有关单位为茅坡村小组42户建房群众兑现易地搬迁政府资助金60余万元，并帮助解决喝水、用电等实际困难；协调云南省教育厅等部门出资185万元为汤谷民族小学援建综合楼，改善住宿条件；牵线北京市人民检察院资助贫困生37名，仅第一批结对活动就为瓦厂村15名贫困学生募集教育扶贫资金31800元。

经过两年的深情接触和扎实工作，冀永生得到了瓦厂村干部群众的真心信赖与好评。提到冀永生，达内村小组的贫困户王朝祥直接竖起大拇指，上果村小组的老党员高天禄说："这个娃，好得很！"

西畴县西洒镇前镇长杨仕丽说:"我们没有把他当外人,他撸起袖子甩开膀子就干,他心里是真的装着老百姓。"

"扶贫"这个词对于冀永生来说,是一件最真实最善良的事情。他认为良知无所不在,祈愿所有人能够展示人性深处的温柔和良善,再激发更多的人去传播它,去帮助这些深山里贫穷的人们。

三、改变的不仅是贫困

最高人民检察院长达 24 年的定点扶贫帮扶工作,改变的不仅仅是千里之外两个贫困县的面貌,更主要的是提升了当地的自我发展能力,同时也锻炼了队伍,调动了社会相关力量。主要经验与体会如下:

第一,扶贫帮扶工作的核心是培养帮扶对象的自我发展能力。最高检在定点帮扶云南省文山壮族苗族自治州过程中,采取下派干部、资金帮扶、协调项目等方式,既扶贫又扶志,既注重"输血式"帮扶,又注重培养"造血"功能,重点实施了人才扶贫、项目扶贫、产业扶贫、智力扶贫和文化扶贫五大工程,全面、大幅提升了文山壮族苗族自治州的自我发展能力,有力地推进了西畴、富宁两个重点贫困县的扶贫开发进程。

第二,在脱贫攻坚战中,建设务实负责的干部队伍不仅为扶贫事业提供了智力支持与人力保障,更为国家治理锻炼出精干优秀的生力军。定点扶贫锤炼了最高检干部的工作作风、党性修养、政治意识和大局意识,发挥了领导队伍的表率作用,强化责任担当,以实际行动落实党对人民政治责任的根本体现。在党中央的正确领导下,有贫困地区广大干部群众的大力参与和支持,中央单位定点扶贫工作还将不断开拓创新,为坚决打赢脱贫攻坚战和全面建成小康社会作出更大贡献。

第三,以政府主导、社会参与为特色的我国农村扶贫开发实践为国际扶贫提供了一个生动的范例。最高检在云南省西畴和富宁两县实施定点扶贫的成功,体现了包括党政部门、司法机关在内的社会力量是扶贫工作中一支不可或缺的重要力量。虽然最高检既没有大量可用于扶贫开发的专项资金,也不掌握农业开发和农村发展的专业技术,但面对艰巨的扶贫任务,他们创新扶贫方式方法,充分利用自身作为国家司法机关熟悉国家政策法律和拥有一支高素质干部队伍的有利条件,满怀对贫困地区各族人民的深情厚谊和高度的政治责任感、使命感,积极协调各部门,动员各种社会力量参与定点扶贫工作,为定点帮扶地区打赢脱贫攻坚战发挥了重要的作用。

第二章　从中央到地方：一张蓝图绘到底

革命老区阜平的富裕路

——多措并举，增强脱贫内生动力

太行山深处的阜平县是著名革命老区，在抗日战争和解放战争时期曾经见证了无数革命党人浴血奋战、保家卫国的光辉事迹。多年来，国家领导人始终心系阜平的发展，牵挂人民群众的冷暖。2012年习近平总书记曾亲自来到这里，将阜平县作为考察扶贫开发工作的第一站。国家机关事务管理局（简称"国管局"）从1993年开始定点帮扶阜平县，积极争取国家与社会资源，先后选派53名干部到阜平挂职，通过加强职业培训、发展电商、开发旅游资源、扶持特色种植业等，多措并举，实现"输出"与"造血"并重，全力推动阜平县脱贫致富。

阜平不脱贫，帮扶不脱钩。截至2019年7月底，国管局累计直接向阜平县投入资金和物资4832万元，协调社会各界投入资金和物资8.26亿元，为阜平的脱贫和发展提供了强有力支持。阜平全县贫困人口由2014年年初建档立卡时的10.81万人下降到2019年年初的1.278

43

万人，贫困发生率由 54.4% 下降到 6.93%，农村居民人均可支配收入达 8590 元。[1]

一、领导人牵挂的革命老区

阜平县隶属河北省保定市，地处燕山—太行山集中连片特困地区，总面积约 2500 平方公里，其中 87% 为山地，总人口约 22.8 万，人均耕地面积 0.96 亩。2014 年阜平县的贫困人口为 10.81 万人，贫困发生率达到了 54.4%。阜平县属于国家级贫困县，也是河北省贫困人口比例最高的县。

阜平县是革命老区，毛泽东、周恩来、刘少奇等老一辈革命家都曾在此为民族独立和人民解放而战斗过。新中国开国元帅聂荣臻十分牵挂阜平县的人民，留下"阜平不富，死不瞑目"的遗训；改革开放先行者项南高度重视阜平县的发展，曾先后八次前来推动扶贫工作。2012 年 12 月底，习近平总书记踏雪专程来到阜平考察扶贫现状，走访困难群众，鼓励大家脱贫致富。总书记向当地干部强调，要把群众的安危冷暖时刻放在心上，千方百计帮助他们排忧解难，把党和政府的温暖送到千家万户。

---

[1]《追寻初心之路决胜脱贫攻坚——国管局党组中心组赴阜平调研学习脱贫攻坚、开展主题联学活动侧记》，国家机关事务管理局网站，2019 年 5 月 10 日，http://www.ggj.gov.cn/xwzx/tpxw/201905/t20190510_26466.htm。

二、阜平不脱贫，帮扶不脱钩

（一）扶贫先扶智："培训一人，脱贫一户"

习近平总书记在阜平调研时强调，"扶贫先扶智，治贫先治愚"。"扶智"就是扶知识、扶技术、扶思路，帮助解决贫困人口就业致富的实际困难。由于缺少教育条件与资源，贫困地区学生面临高辍学风险，随之而来的是技能不足、就业困难等社会问题。失业和无业是导致贫困的重要原因，而贫困人口长期游离于劳动力市场之外，就会加剧就业信心和知识技能的退化，形成贫困的恶性循环。习近平总书记指出，"扶贫先扶智，绝不能让贫困家庭的孩子输在起跑线上，坚决阻止贫困代际传递"。

国管局以带动精准脱贫为目标，以区域化、集团化办学为方向，以做强做大阜平职教中心为抓手，扎实开展职教扶贫。2018年以来，国管局为阜平县职教中心捐赠了400万元奖学奖教基金、40万元图书款项、50万元的教学设备；2019年，国管局局属有关单位和全体干部职工向阜平县职教中心捐款1049余万元，并联合8家车企、8家银行捐赠了9000余万元的物资与资金。国管局驻阜平县扶贫工作组协调各方资源，邀请北京13所中高职学校入驻阜平县，筹建电子商务与物业管理等专业；引入了一汽、比亚迪等多家汽车企业，与阜平县职教中心合作创建梦翔汽车培训基地，培训汽车装配工人，优先招收贫困家庭学生，采取"联合办学、定向招生、定向就业"方式培养专业技术工人。截至 2019 年 7 月，梦翔汽车培训基地共招生 3800 余人，其中建档立卡贫困家庭学生 2000 余人，就业和顶岗实习人均年收入 3—5 万元，达成了"培养一人、就业一个、脱贫一家"的目标。为解决贫困户的创收难问题，扶贫工作组面向农民开展了新型农业技能培训，截至 2019 年 5 月，受益人群达到 2.6 万人次。此外，工作组与企业签订协议，为学生与农村劳动人口提供高质量的实习与就业机会。

国管局及其干部职工向阜平县人民政府捐赠资金

阜平县职教中心梦翔汽车培训基地新貌

典型故事——郑森武家的脱贫路

上汽集团南京基地的汽车装配工人郑森武属于建档立卡贫困户，由于母亲生病常年住院，一家人收入长期依靠父亲外出打工。赶上了帮扶政策的关怀，郑森武得以进入阜平县职业教育学校就读，经过3年的汽车专业培训与实训，毕业后他直接入职上汽集团。现在，郑森武每月可挣五六千元工资，他欣喜地表示，"有了稳定工资收入，家里脱贫已经不是问题"。

2013年，依托梦翔汽车培训基地，国管局协调建立了横跨冀晋11县的"9+2"职教扶贫协作区；2018年，协助组建北京—燕太片区职教扶贫协作区，在燕山—太行山集中连片特困地区打造"区域职教扶贫命运共同体"。建立职教扶贫协作区的模式使得燕太片区贫困群众的实践技能普遍得到提升，就业门路得到拓展，树立起了勤劳致富的信心，增强了"撸起袖子加油干"的实干精神，从而实现了"扶智"且"扶志"的双重功效，激发了困难群众脱贫攻坚的内生动力。

（二）电商扶贫，紧抓"互联网+"发展机遇

"互联网+"是指利用信息通信技术与互联网平台，让互联网与传统行业进行深度融合，创造电子商务等发展模式。2015年7月，国务院印发《国务院关于积极推进"互联网+"行动的指导意见》；2017年，李克强总理在《政府工作报告》中提出，要深入推进"互联网+农业"，多渠道增加农民收入，促进农村一二三产业融合发展。阜平县地处深山区，农民种植的作物长期运不出去，收入提不上来。为此，国管局扶贫工作组帮助阜平县大力发展农村电子商务，将阜平县优势农产品与互联网经济联姻，形成了集公共服务、创业辅导、培训孵化、产品研发、仓储物流为一体的电商创业园，走出了一条电商扶贫新路径。

阜平县骆驼湾村是紧靠太行山的贫困山村，习近平总书记当年来这里看望贫困户时，村里还只有一条坑洼不平的土路，"晴天一身土，雨天一身泥"。在扶贫工作组与当地政府的不懈努力下，如今的骆驼湾村已经修上了宽敞的柏油马路，升级了4G移动基站，实现了快递物流进村，电子商务网店全覆盖。截至2018年年底，国管局累计培训阜平县电商人才2.38万人次，培育起了网店830余家、微店7200余家。2018年，阜平县电商全网销售额达到1.3亿元。

典型故事——温丽杰的致富经

温丽杰是骆驼湾村的下岗职工，通过扶贫工作组的农村电商扶贫培训项目，她学会了经营电子商务的方法。2015年，温丽杰注册了"顾家台骆驼湾"的商标，承包土地种植小米，将产品通过网店、微店、分销等方式售往全国，还带动了全村160人就业。

为了拓宽销路，国管局扶贫工作组积极帮助村民将"品牌"打出去。通过加强与京东集团等电商平台合作，实现"农商互联、产销对接"，借助传统节日等购物高峰期，推销阜平县有机蔬菜、小米、红枣醋等特色农产品，并与多个企业达成采购协议。2019年6月，举办"2019中国电商扶贫行动阜平专场"活动，活动在30余家网络平台同步直播，在线观看人数超过1700万，一小时直播销售超过5万单113万元。此外，为了提高电商的规范化运营，扶贫工作组还对电商从业人员开展了标准化培训，并组织开展"新农人好产品"评选活动，推动"好产品"向"好商品"与"好品牌"转换升级。

通过发展电子商务，国管局为阜平群众致富开辟了道路。互联网使数万小农户与大市场更好对接，带动了产业经济与专业化社会服务发展，拓宽了农民新型就业和增收渠道，提升了农业发展水平。

（三）整村推进，协作建设美丽乡村

习近平总书记在阜平调研时强调，脱贫攻坚要因地制宜、科学规划、

分类指导、因势利导。阜平县地处太行深山，自然风光秀美独特，并且保护良好，其中骆驼湾村的森林覆盖率达64.7%，坐拥北方最大的原始次生林，是发展旅游业的优良资源。然而，由于村庄交通闭塞，村内公共设施不足，村民缺少经营经验，阜平县的景区知名度较低。为此，国管局扶贫工作组着力改善村庄基础设施，深入挖掘旅游资源，为村民做好发展产业的基础性工作。同时，针对脱贫困难的群众，做好兜底与保障工作，确保群众生活得以改善。

在打造农家乐方面，国管局扶贫工作组牢固树立精准扶贫理念，为每一户制定帮扶计划，完善农宅合作社（将农民闲置的房屋资产整合利用，盘活经营后，打造成休闲、度假、养老等服务产业）的协议章程，并为农户捐赠了100多套客房家具。此外，国管局扶贫工作组还主动联系有关部门开展景区道路勘测与修建工作，协助村民成立旅游开发公司、农宅旅游专业合作社，积极探索"公司+合作社+村集体+农户"的共同致富新路。为了改善整体村容，扶贫工作组配合当地政府为当地76户村民开展住房改造项目，为140户村民实施易地搬迁扶贫项目，开展垃圾治理与厕所革命，调动20万元资金用于卫生清洁。在项目组与村民的协作努力下，过去闭塞的山村，如今道路网络畅通，村民住上了温暖舒适的新房，可以自豪地迎接来自全国各地的观光客。

在农业经济方面，扶贫工作组借助电商平台与旅游业，积极推介农户养殖的农产品。利用村庄水质优良、空气清新、山地坡地富足的特点，扶贫工作组帮助阜平县发展了香菇、樱桃、药材等种植产业。在樱桃采摘节时，阜平县黑崖沟村赢来了旅游高峰期，游客带动了村里150亩樱桃销售。骆驼湾村的村支书说："现在游客不仅可以沿着公路来旅行，到村里入住，还能够直接购买土特产与工艺品等，增加了整个产业链的价值。"

在社会保障方面，国管局坚持为困难群众送温暖，确保小康路上一个也不能少。国管局领导、局属有关司室和扶贫工作组时常走访慰问贫困村民和家庭困难学生。2018年，国管局下属有关单位向阜平县困难学生捐赠价值40万元的图书，派出123人次开展调研与慰问工作，向平石头村捐赠价值30万元的客房家具，购买平石头村农产品价值25.5万元，在平石头村组织开展为民义诊以及送医送药活动，捐赠药品总价值5万元。在黑崖沟村的贫困人口中，57%是老人和残疾人，为他们创造稳定收入是扶贫工作的瓶颈。国管局扶贫工作组协调有关方面，先后送来慰问资金和物资30余万元；联系了15家爱心机构开展帮扶活动，落

国管局下属有关单位在平石头村组织开展为民义诊和送医送药活动

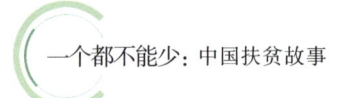

实社会帮扶资金 50 余万元。

人物故事——第一书记刘伟为黑崖沟村一心一意谋发展

刘伟是国家机关事务管理局驻阜平县黑崖沟村第一书记，挂职期间他始终坚守在扶贫第一线，心系当地父老乡亲，晚上常常为老人的养老困难辗转反侧，无法入眠。在仔细思考规划后，他决定帮助当地发展光伏发电项目。为了筹措 200 万元的项目建设资金，刘伟以"第一书记"的名义在网上发起了公益众筹。在 3 周时间内，来自 800 多位爱心人士、21 家爱心企业的 230 万元帮扶资金与物资汇聚到了黑崖沟村。该项目建成后，可持续 25 年为村里 240 位老人每年提供 1200 元的养老收入，从而切实解决了困难群众的养老问题。

黑崖沟村光伏养老爱心电站

三、制度优势、先进理念助力中国特色扶贫取得实效

在党与国家的政策支持下，在国家机关事务管理局的有力帮扶下，如今阜平县已经从贫困山乡转变为美丽乡村。阜平县的致富路是中国特色扶贫模式的成功实践。主要经验与体会如下：

第一，**党政军机关、企事业单位开展定点扶贫，可为地方发展"引水造血"**。定点扶贫是中央单位积极参与扶贫、推动贫困地区加快发展的有力抓手。在中央扶贫战略统一部署下，各相关单位领导直接抓扶贫，创新工作机制，多方筹措资源，选派优秀干部，进一步提高了定点扶贫的精准度和有效性。"农村富不富，关键看支部；支部强不强，全靠领头羊。"国管局先后派出21批53名干部到县、村、校挂职帮扶，其中4名干部到阜平县担任第一书记或者兼任支部书记，开展驻村帮扶，帮助制定整村发展规划，帮助贫困群众更好创业致富，为驻在地的脱贫攻坚发挥了独特作用。

第二，**扶贫先扶智，可增强贫困群众发展的内生动力**。授人以鱼，不如授人以渔。国管局积极协助和支持阜平县委县政府，着力抓好职业教育、电子商务、产业扶持等工作，提升贫困人口的基础知识和实践技能，激活以就业与创业为导向的扶贫思路，为阜平县脱贫攻坚增添了强劲动能。贫困学子就业不愁，农户产品销售有路，群众既有"获得感"又有"参与感"，提升了脱贫攻坚的"内生动力"。

第三，**多措并举，建设美丽乡村，可将绿水青山转化为"金山银**

山"。针对阜平县贫困群众过去"守着绿水青山愁吃饭"现象，国管局扶贫工作组确立了当地乡村旅游产业发展方向，帮助开发特色农业与旅游资源，提供基础设施、资金与渠道支持，探索出共同致富新路子。如今阜平县多个村庄升级为生态宜居的旅游村，不仅改善了村民的生活环境，还为创业致富打开了门路。

第二章 从中央到地方：一张蓝图绘到底

"红军摇篮、将军故乡"金寨县的脱贫之路
——发展光伏扶贫实现贫困户增收

光伏扶贫是国务院扶贫办2015年确定实施的"十大精准扶贫工程"之一，主要是利用某些贫困地区太阳能资源丰富的优势，通过在住房屋顶和农业大棚上铺设太阳能电池板，"自发自用、多余上网"，[1]达到扶贫开发和新能源利用、节能减排相结合的目的。

作为全国光伏扶贫的发源地和示范县，安徽省金寨县于2014年年初开始创新实施光伏扶贫工程。截至2018年8月，金寨县已建成各类光伏扶贫发电装机19.71万千瓦，惠及218个村集体、2.6万余户贫困户，助力8.97万贫困人口脱贫，总收益已达2.52亿余元。

金寨县委县政府把"光伏扶贫"作为脱贫致富的重要举措，围绕

---

[1] "自发自用、多余上网"：农民可以自己使用光伏电能，节约生活开支，同时还能将多余的电量卖给国家电网，赚取一定利润，增加收入来源。在村级、联村电站建成后，电站所发的电量将主要卖给国家电网，增加村集体收入。

"人脱贫、村出列、县摘帽"的总目标，走出了一条可持续精准扶贫之路。经过几年的努力，金寨县建档立卡贫困村从 2014 年的 71 个减少为 2018 年的 4 个，建档立卡贫困人口从 4.23 万户 13 万人下降到 8348 户 16114 人，贫困发生率从 22.1% 降至 2.73%，并于 2019 年摘掉了国家级贫困县的帽子。建立光伏发电站这一新型的产业扶贫形式，因为其良好的复制推广性正在国内多地乡村得到推广，发挥实效。

一、"红军摇篮、将军故乡"的辉煌与贫穷反差

安徽省六安市金寨县既是中国革命的重要策源地、人民军队——红军的重要发源地，也是抗日战争时期、解放战争时期的重要根据地，素有"红军摇篮、将军故乡"的美誉。金寨县地处安徽西部，大别山腹地，鄂、豫、皖三省交界处，总面积 3814 平方公里，介于北纬 31°06′—31°48′，东经 115°22′—116°11′ 之间，属于亚热带湿润季风气候，四季分明，光照丰富，全年日照 1876—2203.5 小时，有效日照利用可达 1069 小时；日照百分率约为 43.3%，年均太阳辐射总量为 4990 兆焦每平方米，属于太阳能利用条件较好的地区。

金寨县下辖 23 个乡镇、1 个现代产业园区，225 个行政村，总人口 68 万，是安徽省面积最大、山库区人口最多的县，是国家级首批重点贫困县、大别山区域发展与扶贫攻坚规划县。2016 年，全县有贫困村 71 个，贫困户 3 万户，建档立卡贫困人口 13 万余人，贫困发生率

18.1%。其中，1.93万户家庭因病致贫，0.41万户因残致贫，0.21万户因学致贫，1.02万人丧失劳动力，"失能""弱能"贫困家庭多，是扶贫攻坚中难啃的"硬骨头"。

二、光伏扶贫，各司其职

（一）中央地方联手推动光伏扶贫

2014年11月，国家能源局、国务院扶贫办联合下发《关于组织开展光伏扶贫工程试点工作的通知》。2016年3月，国家发改委、国务院扶贫办、国家能源局、国家开发银行、中国农业发展银行联合发布《关于实施光伏发电扶贫工作的意见》。一系列光伏扶贫政策的出台，为光伏扶贫模式的推广提供了有利条件。

2014年年初，金寨县委县政府抓住新能源发展机遇，因地制宜，因户施策，创造性地实施了光伏产业扶贫工程。金寨县先在不同区域内选择8户贫困户作为试点，为每户建设一座规模为3千瓦的光伏扶贫电站，平均年发电量为3000千瓦时，接着又分两批为2000户贫困户建设了户用光伏扶贫电站，所有电站已于2014年年底全部并网发电。每个电站平均投资2.4万元，其中财政扶持、企业捐资、贫困户自筹各8000元，对自筹资金确有困难的贫困户，政府采取互助资金借款或扶贫小额信贷等方式予以解决。

2015年，金寨县被列为"全国光伏扶贫试点县"，为了紧抓发展机遇，全面推广光伏扶贫到户项目，金寨县当年共新建了5795户、每户3千瓦的户用光伏扶贫电站，并全部实现并网发电。

典型故事——王合术家通过光伏产业脱贫

70岁的王合术是金寨县梅山镇小南京村的贫困户，家里还有一个46岁且患有智力障碍的儿子，在安装光伏电站前家中年收入不足4000元，生活较为困难。2015年6月，在政府的帮助下，王合术家安装了3千瓦户用光伏电站，从此发电收入成为一项稳定收入。按照1度1元的标准，截至2019年2月底，王合术家累计发电11376千瓦时，收入11376元，年均稳定增收3000元。同时，作为梅山镇联村光伏扶贫电站管护员，王合术每年还有6000元收入，再加上土地流转年收入1270元，免费使用光伏板下空地发展养殖业每年至少增收6000元，通过各类帮扶措施，王合术家年增收16270元，已于2017年实现全家稳定脱贫。

除了为贫困户建设户用光伏扶贫电站，金寨县各村还成立创福发展公司，以此为依托分村建设装机规模为100千瓦的村级光伏扶贫电站，此举可使每村每年增收约10万元。2016年，针对户用光伏扶贫电站安装分散、运维管理成本高等问题，金寨县又采取村村联建的方式，建成了14.5万千瓦联村光伏扶贫电站，电站收益通过入股方式分红给贫困户。2017年6月30日，全县光伏扶贫电站实现全面并网，搭建了运维、短信、保险、智慧服务4个云平台，保障光伏扶贫电站持续平稳运行。2018 年，金寨县又利用光伏电站板下荒坡地和贫瘠地，大力发展板下经济，通过探索"农光互补、药光互补、养光互补、林光互补"等模式，引导贫困户在光伏板下发展特色种植、畜禽养殖、药菌栽培、苗木培育等产业，延伸收益链条，增加农户的生产性收益。

2016 年 8 月，占地面积 10 余亩，总装机 273.6 千瓦，总投资 218.8 万元的金寨县花石乡大湾村农光互补电站建成，实现并网发电，年发电量达 28 万千瓦，年收益 28 万元，受益贫困户 126 户。大湾村农光互补电站采取高支架、农光互补的建设方式，充分利用光伏板间隙地搭建灵芝大棚，每个大棚能产 8000 棒灵芝，实现年经济收益 4 万元，并带动 5 户贫困户户均劳务增收 2000 元。棚顶太阳能发电，棚内种植灵芝，既可以通过光伏电站精准、动态、可持续地帮助贫困户增收，又能够通过灵芝种植增加贫困村集体经济收入，真正实现了绿色可持续的发展。

截至 2017 年 6 月，全县光伏扶贫总投入 14.78 亿元，其中各级财政投入 5.33 亿元，建设单位捐赠 1.44 亿元，政策性优惠贷款 6.49 亿元，贫困户自筹 1.52 亿元。

（二）高位推动，强化组织领导

光伏扶贫电站运营维护管理是发挥光伏电站效益的基础性工作，金寨县高度重视，精心谋划，建立了一体化工作推进机制。一是成立全额拨款事业单位——县光伏扶贫管理服务中心。在县扶贫移民局挂牌办公，专门负责制定落实光伏扶贫电站运行维护、收益分配和档案管理等各项规章制度；负责全县光伏扶贫电站运营维护服务、短信服务、保险服务、智能服务四个平台的日常管理。

二是明确责任，成立光伏扶贫工程办公室。办公室成员单位各司其职、各负其责，形成工作合力。县扶贫移民局负责光伏电站运维的统筹协调、监督检查以及光伏电站管护员管理；县发改委负责光伏电站运维企业管理、监督企业按照合同履行运维职责；县供电公司负责光伏电站运行的技术管理、人员培训、上网电费结算；运维企业负责电站实时运行监控、定期设备巡检、故障检查维修与更换。

三是制定政策，出台《金寨县光伏扶贫电站运维管理暂行办法》。明确总体要求、管护职责、操作程序和绩效考评等，县发改委、财政、供电等部门也相应出台政策，建立了完善的运维管理政策体系。

（三）建管结合，强化运维保障

为保障光伏电站持续平稳运行，金寨县投入资金522万元，搭建了4个服务平台。一是运维服务平台。成立县运营维护中心，打造专业技术队伍，加强对光伏扶贫电站运营维护和设备维修；开通运维热线，第一时间发现并及时解决电站运行中出现的各类问题。二是短信服务平台。与县移动公司合作，及时发送发电收入打卡信息，并推出短信提醒业务，根据天气、季节变化及时发送光伏维护信息，普及维护保养知识，提醒群众科学操作。三是保险服务平台。投入32万元为全县光伏扶贫电站购买财产安全保险，切实减轻自然灾害给贫困户造成的损失。四是智慧服务平台。投入资金490万元，建设光伏智慧监控系统，对全县光伏电站设备运转、发电等情况进行远程实时监控，确保问题早发现、早处理。通过智能运维，可实现对所有光伏扶贫电站的实时管理，响应周期由24小时缩短到了2小时，进一步降低运维成本，有效提升发电量3%—5%，整体提高了全县光伏扶贫电站的发电收益。

（四）上下联动，强化培训指导

通过分级分类开展光伏电站运维宣传、培训、指导，普及光伏电站管护知识，进一步提升贫困户对光伏电站的管护水平。一是层层培训。县乡分级开展光伏电站管护业务培训，全面解读政策，动员部署电站管护工作，提升电站运维管理水平。各乡镇也不定期组织运维管理人员和供电部门技术人员，深入到村组和贫困户家中，开展点对点、面对面的电站管护知识培训，提升广大贫困群众的电站管护水平。

二是注重指导。组织编印《光伏扶贫电站文件汇编》和《光伏扶贫电站运维管理手册》，逐村逐户发放到位。县光伏扶贫管理服务中心组织运维工作人员，深入到各村开展不间断巡回指导，对光伏电站出现的问题进行现场排除，对贫困户咨询的问题予以当面解答，及时消除贫困户思想上的疑虑。

三是强化宣传。各乡镇结合实际，采取村村通广播、张贴标语、悬挂警示牌等多种形式，开展运维管护政策知识宣传，讲好光伏脱贫故事，为光伏扶贫电站运维管护工作营造了良好的舆论氛围。

（五）问题导向，强化督查考核

将光伏扶贫电站日常管护情况纳入脱贫攻坚平时检查、日常暗访、年度考评范围，确保电站管护工作落到实处。一是定期检查。县扶贫部门结合项目资金督查、脱贫攻坚暗访等，对各乡镇联村光伏扶贫电站安全警示、围栏安装、板下除草、角度调整等情况进行检查；县供电公司组织各乡镇电管员，结合每月户用电站发电抄表，对分户式光伏电站光照、组建、线路等情况进行检查。

二是及时整改。对检查中发现的问题，分类逐条列出问题清单，由县脱贫攻坚领导小组办公室印发督办单和问题交办单，督促其整改。

三是严格考评。制定出台光伏扶贫电站运维管理考核办法，把光伏扶贫电站运维管护情况纳入乡镇脱贫攻坚年度考评、运维企业和电站管护员的绩效考评内容。县扶贫部门负责对乡镇工作开展情况进行考核，县发改委、扶贫、供电部门共同负责对运维企业工作开展情况进行检查考核，乡镇村负责对电站管护员进行考核，考核结果与乡镇脱贫攻坚年度考评、运维企业绩效评价、电站管护员年度考核挂钩，确保光伏电站运维落到实处。

三、绿色可持续的扶贫新模式

金寨县立足实际，在光伏扶贫的推广方式、监督方式等方面进行了创新，探索出了全国首创的光伏扶贫模式，取得了良好的扶贫效果。安装户用光伏发电装置的贫困户每年至少可获得 3000 元光伏补贴收入，再加上村集体光伏电站及地面光伏电站，基本保障了贫困户的生活开支和家庭脱贫。光伏扶贫是中国脱贫攻坚的特色实践，主要经验与体会如下：

第一，自上而下层层重视，齐抓共建形成合力是关键。国务院扶贫办和国家能源局多次到金寨县实地调研、出谋划策。为解决资金缺口问题，金寨县按照统一规划、分步实施的思路，合理安排各贫困户光伏规模，多方筹措资金，对所集资金进行整合管理；同时将光伏扶贫工作纳入乡镇和县直单位考评，实行一票否决。金寨举全县之力，合力推进，确保了光伏扶贫工程的顺利有效实施。

第二，精确识别，选准贫困户是光伏扶贫的基础。金寨县重点选择、扶持"失能"贫困家庭安装户用光伏电站，确保扶贫扶到点子上，扶的一定是真贫，让光伏发电成为贫困群众增加收入的稳定来源，让低保兜底的贫困户真正受益。

第三，有关项目推进应注重循序渐进，并根据实际不断探索创新。在实施范围上，金寨县由引进建设集中式光伏发电企业，发展到实施分布式光伏扶贫到户项目；从分布式光伏扶贫项目，再延伸到实施村集体光伏发电项目。在上网模式上，为保障群众收益最大化，由最开始的自发自用、余电上网,改为发电全部上网,每发1度电,农户收益1元。在扶持方式上,社会力量参与扶贫由最开始的捐款捐物,转变为扶持贫困户建设光伏电站,扶贫由"输血"向"造血"转变。

第四,既要抓好电站项目建设,也要搞好运行维护服务。金寨县充分挖掘光伏扶贫发电、土地流转、公益劳务、产业发展等收益,探索出户用、村级、联村3种模式,搭建了运维、短信、保险、智慧4个服务平台,最大限度释放综合效益,保障光伏电站持续平稳运行。考虑到光伏扶贫到户项目实施分散、后期管护难度大等因素,又推动集中建设光伏扶贫电站,产权归集体所有,收益除偿还贷款外,按照分类分等级分配给贫困户,并对贫困户实行动态管理,让光伏扶贫做到扶真贫、真脱贫。

第二章 从中央到地方：一张蓝图绘到底

闽宁镇
从"干沙滩"到"金沙滩"的转变
——闽宁协作易地搬迁扶贫模式

1996年，在国家实施《八七计划》的关键时刻，党中央、国务院作出东部比较发达的13个省市结对帮扶西部10个省区的战略部署，福建对口帮扶宁夏。帮扶的主战场是被称为"苦瘠甲天下"的西海固地区[1]。随后，双方决定以易地搬迁扶贫模式为依托，共同建设了作为扶贫协作示范窗口的移民村——闽宁村。

经过20多年的建设发展，最初8000多人的闽宁村发展成为如今6.6万人的闽宁镇。昔日天上没鸟飞、地下不长草、十里无人烟、风吹沙粒跑的"干沙滩"，变成如今绿树成荫、良田万顷、经济繁荣、百姓富裕的"金沙滩"。全镇移民群众人均纯收入由搬迁之初的500元跃

---

[1] 西海固地区：宁夏回族自治区南部山区。

升到 2017 年的 12341 元，增长了 24.7 倍，从赤贫生活走向全面小康。按照 2014 年贫困人口识别建档立卡国家扶贫标准线和"两不愁三保障"（吃穿不愁，保障基本医疗、义务教育和住房）标准，闽宁镇共识别建档立卡贫困户 1593 户 6798 人，贫困发生率 13.5%，闽宁镇 6 个村被列为贫困村。截至 2017 年年底，全镇建档立卡贫困户实现脱贫退出 1531 户 6553 人，贫困发生率降至 0.9%，6 个贫困村全部符合贫困村脱贫出列条件。2017 年，6 个村村集体收入达到 233 万元。

作为中国东西部扶贫协作和易地搬迁扶贫的样板，从 1996 年延续至今的闽宁对口扶贫协作是中国特色扶贫开发道路的一次创新，是解决贫困问题的"中国方案"之一。

一、习近平总书记命名的"闽宁村"

闽宁镇位于宁夏回族自治区银川市永宁县，从银川市驱车往南约一个小时便可抵达。该镇是一个纯移民镇，是东西部扶贫协作、闽宁对口帮扶的一个缩影，也是易地搬迁扶贫的成功典范。

1997 年 4 月，时任福建省委副书记、福建省对口帮扶宁夏领导小组组长习近平深入宁夏南部山区考察，面对自然环境恶劣、城乡基础设施建设滞后、贫困人口基数庞大等扶贫路上的一道道"关隘"，他鼓励福建援宁扶贫干部发扬红军长征精神，以"不到长城非好汉"的豪迈气概，同宁夏各族人民一起全力以赴、扎实有效地做好对口扶贫协作工作。

在经过深入调研后，习近平提议启动自然环境恶劣、十年九旱的宁夏西海固地区"移民吊庄"[1]工程，建立一个以福建、宁夏两省区简称命名的移民村，这就是闽宁镇的前身——闽宁村的由来。

在福建省工作期间，习近平同志先后5次出席闽宁对口扶贫协作联席会议，3次发表重要讲话，2次到宁夏实地考察指导，并推动建立了"联席推进，结对帮扶，产业带动，互学互助，社会参与"的对口扶贫协作机制，为闽宁对口扶贫协作指明了方向，提供了遵循。

2016年7月，习近平总书记又来到闽宁镇，实地察看福建和宁夏合作开展移民搬迁安置脱贫产业发展情况后，深情回忆了20年前在福建工作时直接推动闽宁合作的情景。习总书记指出，闽宁镇探索出了一条康庄大道，我们要把这个宝贵经验向全国推广。习总书记在视察时对村民们说："在我们的社会主义大家庭里，就是要让老百姓时时感受到党和政府的温暖。"

人物故事——总书记来到我家

提起2016年7月19日，永宁县闽宁镇原隆村村民海国宝至今仍然难掩激动之情，"总书记来到我家，想想还像做梦一样"。走进海国宝家的客厅，一眼就能看到习近平总书记在视察原隆村时与他一家座谈的合影。

海国宝一家搬迁之前居住在固原市原州区开城镇青石村，是最

---

[1] "移民吊庄"：在宁夏，人们把贫困地区群众整体跨区域搬迁称为"吊庄移民"，即将村庄直接"吊"过来。

早一批搬来原隆村的移民。在老家的时候只能靠天吃饭，全家七口人一年的总收入只有两万多元。搬到新家的第一天，海国宝进屋的第一件事就是打开水龙头。看到自来水瞬间涌出时，半辈子生活在干旱缺水地区的老两口抱在一起痛痛快快哭了一场。自来水通了，电通了，海国宝一家和所有原隆村的村民们都领到了政府免费发放的电磁炉、蔬菜、馒头、清油等基本生活用品。除了土地流转收入和政府补贴的光伏产业收入外，海国宝的大儿子和大儿媳靠着在家门口的立兰酒庄打工，月收入分别达到 4500 元和 2500 元；小儿子和小儿媳在中宁承包工程，一年的收入也有六七万元。全家人均年收入稳超万元，早已顺利脱贫。

海国宝家翻天覆地的变化，只是原隆村的一个缩影。自福建和宁夏两省区共建的闽宁对口扶贫协作机制在永宁乃至宁夏落地实施以来，就给当地脱贫致富注入了强大动力。

二、"爱拼才会赢"精神引领

（一）对口扶贫协作，从"输血"到"造血"

闽宁对口扶贫协作从 1996 年开始就建立了两省区一年一度的省级联席会议制度。通过联席会议共同总结对口扶贫协作经验、共同研究解决重大问题、共同安排部署工作、共同推动工作落实。

福建省本着"宁夏所需，福建所能"原则，把人才、资金、科技、经验、市场要素等源源不断地输送到宁夏的贫困地区，以输入新鲜"血液"增强"造血"功能,从根本上提升贫困地区的发展能力。宁夏主动承担起脱贫攻坚的主体责任,积极对接,提出扶贫需求,制定帮扶规划,努力做到"事不避难,义不逃责"。

第一,建立"部门牵手、干部挂职"的结对帮扶机制,增强贫困地区群众"拔穷根"的意志和信心。23年来,闽宁两省区认真贯彻落实中央关于东西对口协作的决策部署,围绕扶贫开发这条主线,始终聚焦贫困地区、聚焦贫困群众。福建省组织30多个县(市、区)轮流与宁夏9个贫困县(区)结成帮扶对子,实行精准对接、精准扶贫;先后选派9批140名援宁挂职干部,帮助宁夏培训教师7585人次,派遣支教教师和医疗技术人员1328人次;宁夏也选派15批244名干部到福建挂职。两省区有64个乡镇、34个村、80多个县级部门和社会组织组建了结对帮扶关系,有6个地级市结为友好城市,开展了广泛的交流合作。特别是福建援宁挂职干部"爱拼才会赢"的精神和创新理念,从心灵深处对贫困地区的干部群众产生了强烈影响,增强了脱贫致富的自信和砥砺前行的动力。

第二,创建"夯实基础、产业带动"的共同发展协作机制,搭建贫困地区精准脱贫和持续发展的平台。闽宁协作带给宁夏最大的发展成效,是城乡面貌焕然一新、经济社会稳步发展、基础设施和生态环境明显改善、公共服务水平不断提升。

23年来,福建省对口帮扶市县(区)及其社会各界已投入帮扶资金13.43亿元,援建公路385公里,打井窖1.5万眼,修建高标准梯田22.9万亩,完成危房危窑改造2000多户,建设了闽宁镇等生态移民示

建设中的闽宁新镇全貌

范乡镇和 160 个闽宁示范村，修建了一大批水利水保、农村电网、乡村道路、广播电视等基础设施，宁夏近 60 万贫困群众从中受益，有效改善了贫困人口的生产生活条件。两省区共同培育和发展了宁夏西吉、隆德、盐池、红寺堡和永宁闽宁产业园（城），引入福建华林公司、国圣公司、皇达科技、人造花工艺等 5600 家企业和商家在宁夏落户，带来了 800 亿资金和 8 万多人的创业队伍，带动了当地现代农业和特色优势产业的开发，推动宁夏贫困地区的经济社会取得了长足发展和进步。

第三，实施"政府主导、社会参与"的全民行动扶贫机制，促进民族团结进步与社会和谐稳定。23 年来，闽宁两省区充分调动各方面积极性，不断拓展对口扶贫协作空间和领域，福建省积极动员教育、医疗、卫生、妇联、共青团、企业商会等几十个部门和社会团体，分别开展"百

闽宁镇特色商业街区

所学校一帮一""母婴工程""医疗服务""母亲水窖""关爱回族女童""关爱大学生志愿者""闽宁月嫂"等援宁扶贫公益活动。帮助宁夏新（扩）建学校236所，资助贫困学生9万多名，援建妇幼保健院、医护培训中心等卫生项目323个，建设了一批儿童福利院、体育馆等基本公共服务设施，为贫困地区发展注入了新的活力。以劳动力转移就业为切入点，实施"阳光工程"和"雨露计划"，开展劳动技能培训和劳务输出。宁夏在福建建立了5个劳务基地和3个劳务工作站，4万多人在福建实现稳定就业，也有一大批劳务人员从福建学到技术，增加收入后回乡创业，带回来的不仅仅是资金和技术，还有人文情怀和发展理念。

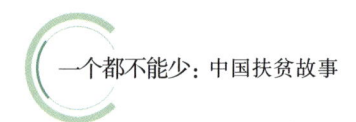

人物故事——李丹来宁支教，蜡炬成灰泪始干

李丹是福州十八中的一名老师。2006年秋天，她瞒着父母，偷偷报名来到宁夏支教，成为了隆德县第二中学的一名历史老师，深受老师和同学们的喜爱。支教结束后，李丹回到福建，却被确诊患白血病，隆德二中的师生们听到这个消息，踊跃捐款。2008年9月2日，李丹不幸去世，在生命的最后时刻，她还在叮嘱父亲要把剩下的捐款还给隆德的同学们，帮助他们完成学业。李丹在日记里曾写道："我用一年的时间做了一件终身难忘的事，成为宁夏娃们的历史老师，告诉他们书本上的知识和大山外的世界。"

（二）探索易地搬迁扶贫新路子

在广袤的宁夏西海固地区，山大沟深、生态脆弱、交通不便，很多地方"一方水土养活不了一方人"。闽宁对口帮扶以及闽宁镇的开发建设，是在中央的战略指引下，实施全国一盘棋、先富带后富的结果。闽宁镇经历了贫困群众自发搬迁、有组织的移民安置、高水平的开发建设3个阶段，成功探索出了解决"一方水土养活不了一方人"贫困问题的新路子。

1990年10月，在国家"三西"扶贫开发[1]的大背景下，宁夏回族自治区党委、政府组织西吉、海原两县1000多户贫困群众搬迁到这里，建立了玉泉营和玉海经济开发区两处吊庄移民点，开始了有组织易地搬迁扶

---

[1] "三西"扶贫开发：1982年12月国务院启动实施的甘肃河西地区、定西地区和宁夏西海固地区的农业建设扶贫工程。

第二章　从中央到地方：一张蓝图绘到底

① 移民搬迁前山沟里的土坯房
② 移民搬迁后闽宁镇别致有序的村落

贫。1996年5月,在中央"两个大局"[1]战略指引下,福建与宁夏建立扶贫对口协作对口帮扶关系,拉开了闽宁对口帮扶协作的序幕。1997年4月,习近平同志到宁夏调研后提议设立闽宁移民开发区,并前瞻性地指出"这里现在是干沙滩,今后将是金沙滩",提出了"两年建成、三年解决温饱、五年脱贫"的战略思路,开创了全国有组织易地搬迁扶贫的先河。

进入新世纪,特别是党的十八大以来,闽宁镇步入快速发展新阶段,一批水电路基础设施建成并投入使用,土地开发整理项目顺利实施,教育、文化、卫生等社会事业快速发展,曾经的戈壁荒漠变成了现代化的生态移民示范镇,从根本上解决了移民群众的脱贫致富问题。

(三)开拓以产富民新途径

在移民搬迁之初,闽宁镇的群众主要从事以传统种养业为主的小农生产,自养自足,主要是解决温饱问题。1997年以来,开始培育发展特色产业,大规模兴修水利、整理土地、引黄入滩,结束了贫困群众靠天吃饭的历史。特别是在习近平同志的直接关心指导下,福建农林大学帮助闽宁镇搭建温棚、传授技术,培育发展起了全镇第一个真正意义上的产业——菌草产业。近年来特别是党的十八大以来,闽宁镇立足自然条件、区位优势,探索建立政府引资、企业主导、社会参与的产业发展

---

[1] "两个大局":一个大局就是东部沿海地区加快对外开放,使之先发展起来,中西部地区要顾全这个大局;另一个大局就是当发展到一定时期,比如二十世纪末全国达到小康水平时,就要拿出更多力量帮助中西部地区加快发展,东部沿海地区也要服从这个大局。

新机制，构建"特色种植、特色养殖、光伏产业、旅游产业、劳务产业"五大产业主导的产业格局，为移民群众致富奔小康创造源头活水。

截至2017年年底，闽宁镇注册各类农产品商标48个，培育宁夏著名商标2个，自治区农业产业化龙头企业5家，全镇年产总值达到5.7亿元，实现了由最初的传统种养业到现在一二三产业融合发展。

人物故事——菌草技术专家林占熺的宁夏情怀

1997年4月，担任福建农林大学菌草研究所所长的林占熺接到了福建省扶贫工作小组的一项特殊任务——到宁夏种蘑菇，第一站是彭阳县。为了培育出和当地水土相符的"本土蘑菇"，林占熺带着他的助手在彭阳县古城镇小岔沟村20多孔村民废弃的土窑里，开始了技术攻关。经过几个月精心研究培育，终于试种成功。第一批参与试种的农户当年人均收入超过2500元，是种菇前人均收入的7倍多。"农民增收的喜悦表情让我难忘，我觉得所有的付出都是值得的。"林占熺回忆道。在他的大力推动下，宁夏各地利用菌草大面积种植菌菇。

1997年之前种地难（驴拉人刨、靠天吃饭）

① 1997年之前吃水难（取水肩扛驴驮）

② 农户在光伏农业园区菌菇棚内工作

③ 农户在红树莓生态种植园采摘

① 宁夏益泰牧业肉牛养殖基地

② 闽宁镇德隆万亩葡萄种植基地

三、"东西部扶贫协作"彰显制度优越性

闽宁镇因扶贫而生，为脱贫而建，自诞生之日起，血脉基因里就被植入了脱贫致富的希望。闽宁镇从无到有、从穷到富，见证了闽宁对口扶贫协作的巨大成就，探索出了易地扶贫搬迁和产业扶贫的新路子，成为中国特色开发式扶贫的一大创举和成功典范。

2016年7月20日在银川召开的东西部扶贫协作座谈会上，习近平总书记对闽宁对口扶贫协作给予了充分肯定。习近平总书记强调，东西部扶贫协作和对口支援，是推动区域协调发展、协同发展、共同发展的大战略，是加强区域合作、优化产业布局、拓展对内对外开放新空间的大布局，是实现先富帮后富、最终实现共同富裕目标的大举措，必须认清形势、聚焦精准、深化帮扶、确保实效，切实提高工作水平，全面打赢脱贫攻坚战。闽宁对口扶贫协作的主要经验与体会如下：

第一，富裕地区与贫困地区开展扶贫协作是双赢和共赢之举。闽宁镇作为以福建和宁夏两省区简称命名的梦想之城，是解决西海固地区贫困问题的关键探索。组织先富的东部地区支援贫困的西部地区20年来，党中央不断加大工作力度，形成了多层次、多形式、全方位的扶贫协作和对口支援格局，使区域发展差距扩大的趋势得到逐步扭转，西部贫困地区、革命老区扶贫开发取得重大进展。在西部地区城乡居民收入大幅提高、基础设施显著改善、综合实力明显增强的同时，国家区域发展总体战略得到有效实施，区域发展协调性增强，开创了优势互补、长期合作、聚焦扶贫、实现共赢的良好局面，充分彰显了中国共产党领导脱贫攻坚的政治优势和制度优势。

第二，脱贫要做到用好外力和激发内力相结合。西部地区特别是民族地区、边疆地区、革命老区、连片特困地区贫困程度深、扶贫成本高、脱贫难度大。进一步做好东西部扶贫协作和对口支援工作，必须激发帮扶对象地区的内生动力，调动当地干部群众的积极性和主动性。坚持扶贫先扶志，组织学习、提高认识，切实增强奔小康的信心和决心，并将其转化为自力更生的干劲。特别要尊重贫困农户的主体地位，充分发掘其主观能动性和创造性，为建立健全稳定脱贫长效机制奠定坚实基础。

第三，易地搬迁扶贫是脱贫致富的一条有效途径。在中西部地区，生态脆弱与贫困高度相关，生态环境退化和自然资源严重不足，造成"一方水土养活不了一方人"现象。将这些地区的贫困人口搬迁出去，到适宜的水土落地，无疑是一种帮助他们脱贫的有效方式。源于 20 世纪 80 年代的易地搬迁扶贫，解决了许多贫困户的生存问题，被证明是在保护环境基础上解决贫困问题的有效途径之一。进入脱贫攻坚新阶段，中国仍有几百万农村贫困人口居住在深山、石山、荒漠、高寒等生态脆弱的不适宜人类居住地区。这些贫困人口的脱贫是中国脱贫攻坚任务最重、最难啃的"硬骨头"。为此，中国共产党和中国政府将易地搬迁扶贫作为精准扶贫"五个一批"中的重要一批，加大力度组织实施，取得了良好成效。

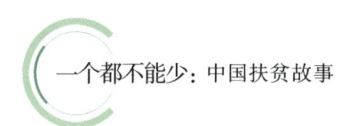

上林县创业走上致富路

——粤桂协作"双培育"扶贫模式

县对县东西协作,培养致富带头人,是中国扶贫协作的一项创新性实践。在国务院扶贫办的推动下,东部广东省佛山市南海区与西部广西壮族自治区南宁市上林县结为对子,有针对性地帮助上林县培育贫困村创业致富带头人。通过创造性地发展"双培育"工程——"产业培育+致富带头人培育",不仅培养了扶贫"能人",而且发展了扶贫产业,完善了产业扶贫与地区协作模式。

粤桂协作体现了"东部帮西部,先富帮后富"的基本理念和"政府主导、多方参与、产业引领、精准培养"的工作路径。截至2018年10月,上林县共培养致富带头人526人,创业成功者398人,带动了8100户贫困户参与特色产业开发,其中5087户成功实现脱贫,占全县脱贫总户数的58%，[1]创业致富带头人在全县脱贫攻坚战中发挥了强有力的"助推器"作用。

一、"南海—上林"结对，产业对接帮扶

广东省佛山市南海区九江镇位于珠江三角洲腹地，紧邻西江与北江，拥有丰富的水资源，适合传统淡水鱼养殖与鱼苗孵化，被誉为"中国淡水鱼苗之乡"。这里长期以来形成了集鱼苗孵化、饲料研发、成鱼养殖、配送销售等一体的产业链条，拥有大小鱼苗孵化场近百家，淡水鱼养殖面积3.2万亩，年渔业产值达到12亿元。近年来，由于广东省劳动力成本攀升，以及南海区水域资源面积限制，九江镇的淡水渔业发展面临瓶颈。

广西壮族自治区南宁市上林县坐落于广西中南部的大明山东麓，是以壮族为主的少数民族聚居县，也是滇桂黔石漠化集中连片特困地区片区县，还是国家扶贫开发重点县。全县辖7镇4乡、131个行政村（社区），总人口50万，其中农业人口约为39.7万。截至2015年年底，全县有贫困村65个、建档立卡贫困户8.14万人，扶贫任务艰巨。上林县是清水河与珠江的源头之一，拥有丰富优质的水资源，适宜发展渔业养殖。然而，由于资金缺乏、技术落后与市场闭塞，渔业在当地一直没

---

[1]《上林县澄泰乡这位叫"苏达谋"的同志，你出名啦！》，2018年12月11日，http://www.sohu.com/a/281136116_468287。

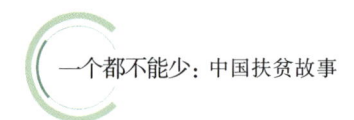

有得到有效发展。

根据中共中央关于深化东西扶贫协作、开展"县对县、村对村"结对帮扶精神，国务院扶贫办会同广东与广西扶贫办和地方政府，通过充分调研与严谨论证，确认了南海区与上林县在发展高值渔业产业中的比较优势，形成了产业扩散帮扶对接的共识。国务院扶贫办及粤桂扶贫办在南海区九江镇河清村设立了"粤桂两省（自治区）贫困村创业致富带头人培训基地"（简称"九江培训基地"），培育壮大高值渔产业与其他特色产业，培训上林县贫困村创业致富带头人。粤桂政府积极鼓励和支持广东农业产业化龙头企业到上林县贫困村投资兴业，推动渔业产业的扩散，以广东省的优势资金、技术、品牌与市场资源，对接广西上林县的优质水资源、低成本与丰富劳动力。"产业培育＋致富带头人培育"的"双培育"模式促进了上林县产业发展，带动建档立卡贫困户与贫困村增收致富。

二、致富带头人培育跟着产业培育走

（一）建立培训基地，培养创业致富带头人

九江培训基地引进广东教育资源，为上林县重点提供扶贫政策、专业知识、创业实践体验、创业计划与指导对接等培训内容，提升致富带头人的能力素质。

① 专家进村培训

② 专家进行创业培训

③ 创业致富带头人服务中心

在扶贫政策方面，培训基地为村民介绍国家与地方政府扶贫开发相关措施，增强致富带头人的政策意识与责任感，激发其创业致富积极性。在专业知识领域，重点围绕上林县高值渔产业与其他特色产业，培训学习相关实用技术、经营管理、电子商务等专业技能，提升带头人市场适应力。

在实践体验方面，培训基地组织学员前往广东优秀企业参观考察，体验东部改革开放与创业成就；围绕产业项目与学员创业意愿，指导学员制定创业计划书，举办产业项目对接会，组织龙头企业和创业导师与意向学员签约，从而形成创业孵化指导与产业开发全套体系。

为了进一步完善培训机制，更好地发挥致富带头人的"带贫"作用，在国务院扶贫办、全国扶贫宣传教育中心以及粤桂扶贫办和南宁市委市政府、华中科技大学等机构的指导下，上林县委、县政府出台了《上林县粤桂两省（自治区）贫困村创业致富带头人培育工程试点提升行动方案》。通过"两培两带两促"机制，即培育创业致富带头人与扶贫特色产业、带动贫困户增收脱贫与贫困村提升发展、促进本土人才回归创业与贫困村基层党建，为上林县脱贫攻坚提供了有力支持。

（二）创新扶贫机制，激发创业"带贫"活力

创业"带贫"是实施"双培育"工程的关键一环。政府通过培育致富带头人，推动带头人创业并带领贫困人口参与产业开发，形成稳定脱贫效应。上林县在产业发展中，依托龙头企业、专业合作社和专业大户，

培育了一批致富带头人，形成了以下三种创业"带贫"机制：

第一，"公司＋合作社＋融资平台＋贫困户"股份合作扶贫模式。广西澳益农业发展有限公司是由九江培训基地牵头，联合广东、香港多家公司在上林县合作投资成立的高值渔产业项目，旨在带动上林县精准扶贫的有效开展。上林县委、县政府制订了专项计划，提出从2016年起，在澳益公司带领下，用5年时间力争全县实现3万亩的高值鱼养殖规模，辐射带动贫困户6700户、2万人脱贫。

以澳益公司为龙头，以上林县国有公司（振林农村投资发展有限公司）为融资平台，村级成立合作社，网络企业、创业能人等参与带动贫困户参加合作社，形成了"公司＋合作社＋金融平台＋贫困户"的运作模式。其中，村级合作社占92％股份，澳益公司占8％股份。澳益公司与农户签订20年土地流转租用合同，获得养殖项目所需土地；公司为农户提供管理技术团队、种苗、饲料以及日常管理工作；公司保底项目合作开发年利润达到20％，不足部分由公司补偿。此外，澳益公司将合作开发的8％股份分红捐赠给所属贫困村，用于公益事业与公益岗位等扶贫项目。

自产业发展以来，澳益公司第一期工程获得流转土地面积1200亩，放养澳洲淡水龙虾150余万尾，为农户带来了生产收益。大里庄澳益先进水产养殖集约化养殖基地成为全县高值渔产业的先进示范基地，同时也是贫困村致富带头人创业孵化实训基地。一批批合作社领班人与贫困村致富带头人前来参观，学习"公司＋合作社＋金融平台＋贫困户"的模式，为推动贫困村创业热潮发挥了良好示范效应。

第二，"公司+贫困户"投资合作"带贫"模式。除了联合专业合作社与融资平台外，公司与贫困户之间也形成了多种"带贫"模式。澳益公司与贫困户直接签署扶贫小额信贷资金投资合作经营协议，贷款期间，公司按每年不低于贷款本金的10%对贫困户进行保底分红；贫困户以每户5万元3年起扶贫小额信贷以及政府提供的扶贫奖补资金为资产，入股生产合作社，委托项目融资平台统一投入到产业生产中。项目经营3年期满后，农户可以选择通过自有资金还贷，继续保有合作社所持股份，或者通过政府协调将扶贫贷款转为一般性农户小额贷款，还可以通过澳益公司回购股份来帮助还贷。澳益公司在大丰镇开发建设的澳益先进水产养殖集约化养殖基地，已经带动200户贫困户脱贫。

典型故事——吴秀琴夫妇大胆"创业"走上脱贫路

吴秀琴家是南宁市上林县巷贤镇的建档立卡贫困户，依靠加入富之康公司种植生鲜农产品走上脱贫之路。吴秀琴将自家土地租借给富之康公司，每年每亩可获利600元。富之康公司规定：农户支付每亩400元租金即可认领土地种植蔬菜，贫困户则可以免费认领，蔬菜销售收入全部归农户所得。吴秀琴夫妇认领了10亩地，种植一季生鲜农产品收获了两万多元。此外，她还参与公司组织的"田间技术学校"，免费学习水果蔬菜种植、药用等知识，通过公司成立的"扶贫基金"获得电动三轮车，运送生鲜农产品。她开心地表示，"我们觉得加入公司不是打工，是自己创业哩！"吴秀琴家有两个孩子，以前总担心没钱供他们读大学，而眼下，夫妇俩正要求帮扶干部早一点进行"双认定"脱贫。

第三,"公司+合作社(能人)+贫困户"产业化经营"带贫"模式。在龙头企业提供技术指导、种苗、饲料和产品收购的基础上,粤桂扶贫项目充分发掘专业合作社与创业能人的示范带动作用。合作社负责对贫困户投资本金按照一定比例保底分红,并解决贫困户就业问题。在发放给贫困户的贷款到期后,合作社负责帮助贫困户还清小额信贷。合作社与小额信贷贫困户实行了"户贷投资、合作经营"机制,贫困户在贷款期间可以从合作社每年获得贷款本金 10% 的保底分红,纯收益可达到 2000—5000 元。此外,合作社长期雇佣 21 个贫困劳动力,每人年收入达到 2—3 万元,实现增收脱贫。

典型故事——苏达谋回乡创业,带动村民脱贫

> 苏达谋是上林县澄泰乡大坡村村民,大学毕业后在广东等地经商创业,闯荡 15 年后年收入超过 150 万元。在上林县政府的"一个服务中心、若干实训基地"孵化培育体系等政策激励下,他选择返乡创业。2016 年,苏达谋在家乡成立了生态种养农民专业合作社,发展起了养殖、有机肥生产、生态农业观光的立体循环绿色生态产业链。在政府的扶持下,苏达谋带动家乡贫困户发展养殖。村民们负责饲养母牛,繁殖的小牛出售收益大部分归社员所有。2018 年,苏达谋的合作社利润达到 300 万元,有 11 位贫困劳动力每人每月获得 3000 元左右的固定工资,75 户贫困户享受到产业收益。

（三）完善政策保障，提供激励与资源支持

为了支持产业培育和致富带头人创业扶贫，上林县委、县政府先后出台了多项扶持政策，为村民脱贫致富保驾护航。

第一，奖补政策。一方面，政府为贫困户参与开发的特色产业提供财政奖补，采取"以奖代补、先建后补"的方式，在项目验收后落实。符合种养产业要求的贫困户，每户可获得高达5000元的补贴。此外，在龙头企业或专业合作社带动贫困户脱贫中，财政对贫困户给予高达5000元奖补，引导贫困户用产业扶贫资金和劳工参与方式入股分红。对贫困户加入合作社自行养殖肉牛达到3头以上的，政府对每户奖补1万元。另一方面，政府对致富带头人扶贫产业项目提供规模化财政奖补。对于特色产业种植、牲畜养殖规模达到指定标准且带动贫困户5户以上的企业，政府按照规模与"带贫"成就给予3—20万元的奖励。对乡村旅游业投资规模达到100万元，且带动贫困户5户以上的企业，给予3—15万元的奖励，形成了一套可操作的评价与奖补指标体系。

第二，信贷支持政策。针对贫困户参与产业项目面临的筹资困难，上林县政府建立了1600万元的扶贫小额信贷分享基金。贫困户经评级授信后可获得5万元以下免抵押、免担保的扶贫小额信用贷款，在3年期内按照基准利率给予财政全额贴息。此外，对于符合条件的扶贫龙头企业与农民专业合作社，每年每家可分别获得不超过1000万元、100万元的贷款额，并享受连续3年最高不超过同期基准利率的财政全

额贴息。政府的信贷支持为龙头企业、农村合作社落户上林县起到了激励和扶持作用。

第三，专项扶持政策。为了推动高值渔产业发展，上林县成立了高值渔产业扶贫办公室，配备了多名专职工作人员，负责产业开发的统筹协调、指导与督查工作。县政府为澳益水产项目安排专项扶持资金2000万元，支持基地的基础设施与配套设施建设，为新开挖鱼塘和改造鱼塘分别提供每亩3000元、2000元补助。

对于参与合作社发展高值渔产业的贫困户，政府根据每亩标准养殖数量给予政策性保险扶持，与贫困户按照8∶2比例分担。对于参与合作社发展肉牛养殖的贫困户，政府为每户提供最多3头肉牛的保险扶持，与贫困户按照8∶2比例分担。保险扶持政策给贫困户吃了定心丸，激发了群众参与产业脱贫的积极性。

三、区域协调，创业"带贫"

在国务院扶贫办的推动下，粤桂扶贫部门与产业实现对接，通过合作实施"产业培育＋致富带头人"模式，带动建档立卡贫困户和贫困村开发特色产业，从而增收致富。伴随首批致富带头人的成功示范与政府优惠政策的落地，上林县外出人员回归家乡投资热潮兴起。2017年，在上林县成功创业的本土人才达到640余人。这些人才有知识有资金，懂技术会管理，是推动上林县大众创业、万众创新的有生力量，对从根本上改善贫困村的面貌发挥了重要作用。粤桂扶贫模式是东西协作扶贫、致富带头人培育模式的示范，主要经验与体会如下：

第一，应立足国情，明确区域援助关系，促进区域间互补合作。中国东西部地区在发展进程中存在显著差距，东部与沿海地区发展阶段靠前，而西部地区虽然经济发展较为落后，但在原材料、劳动力等方面具备优势。政府的合理引导与规划能够促进区域间互补合作。在粤桂协作案例中，以澳益公司为代表的企业为上林县注入发展活力，带来广东省的先进技术、管理以及资金等资源，激活了本土高值渔产业，也为公司生产带来了成本要素优势。

第二，政府应发挥主导作用，做好配套服务。在协调跨区域资源分配、推动产业转移与优势产业发展、为贫困户提供稳定增收渠道方面，需要政府的主动积极作为。上林县委、县政府为促进产业转移与村民创业出台了相关财政奖补、信贷支持、专项扶持等配套政策，从而推动了产业兴盛与创业热潮，为脱贫攻坚提供了物质保障。

第三，完善"带贫"机制，培养贫困村创业致富带头人，是带动贫困人口增收脱贫的重要抓手。在政府支持下，一批创业致富带头人通过培训提升了创业技能，通过组建公司、专业合作社、家庭农场等形式，成为上林县特色产业发展的中坚力量。此外，上林县创业致富带头人通过基地用工、技术指导、提供种苗、农产品回购、入股分红、资产收益等多种形式，带动建档立卡贫困户参与创业，享受分红，使农村集体经济壮大做强，使贫困人口实现增收脱贫。

第四，发挥干部人才核心作用，促进农村基层党组织建设是区域协

第二章 从中央到地方：一张蓝图绘到底

作扶贫的重要方面。脱贫攻坚是汇聚多方力量的战斗，也是干部人才的试金石。人才是东西部协作扶贫的智力保障。在粤桂两省区协作扶贫中，广东方面提供了大量专业人才支持。上林县在推动基层党组织带头人与创业致富能人相互转换方面做了大量卓有成效的工作。县委和各级党组织将创业致富带头人培养成为党员，推荐选拔成为村两委干部，并将村干部培养成为创业致富带头人。一批"能人"干部扎根农村，深耕农业，带领群众脱贫致富，被打造成为脱贫攻坚与乡村振兴中"不走的工作队"。

一个都不能少：中国扶贫故事

云南贫困县健康扶贫见真效
——沪滇医疗卫生对口帮扶模式

从 1996 年开始的沪滇扶贫协作[1]中，医疗卫生帮扶一直是对口帮扶工作的重点领域之一。党的十八大以来，为贯彻中央打赢脱贫攻坚战的号召，上海紧紧把握精准扶贫的要求，进一步加大了对云南省对口地区的医疗卫生帮扶力度。安排上海市三级医院与云南省 28 个贫困县医院结对，派出医疗工作队赴滇开展巡回医疗、健康帮扶等工作，探索出两地政府牵头、卫生部门主抓、医院落实、科室共建、医疗人员帮带的"五级结对"和区县携手的帮扶模式，有力地支持了云南省医疗卫生事业的发展建设，提升了帮扶地区农村基层卫生服务水平，大幅改善了帮扶地区因病致贫的状况，取得良好的扶贫效果。

[1] 沪滇扶贫协作：1996 年，为加快西部贫困地区扶贫开发进程，缩小东西部差距、促进区域经济协调发展，党中央、国务院作出东西扶贫协作的战略决策，安排上海等东部 9 省（市）和深圳等 4 个计划单列市，对口帮扶云南等西部 10 个省（区、市），沪滇扶贫协作由此开端。

2018年，云南省人均预期寿命为74.7岁，较2010年的69.54岁提升5.16岁，提升幅度位居全国前列，[1]体现了云南省卫生事业的有效发展。沪滇医疗卫生对口帮扶由此成为中国医疗卫生领域发达省区帮扶欠发达省区的一个成功案例。

一、实施健康扶贫任务紧迫而艰巨

云南省地处中国西南边疆，由于地理区位、自然条件和发展基础等多方面的原因，该省在中国属于欠发达省份，贫困人口比例较高。同时，云南省医疗卫生资源较为匮乏，当地县级医院设备配置和医疗技术水平普遍较差，诊疗服务项目较少，难以适应当地群众的医疗卫生服务需求。从主要健康指标来看，2010年云南省居民平均预期寿命为69.5岁，比全国平均水平低5岁，比上海市低13岁。以上海市帮扶时间较长的保山等6个州市为例，除普洱、红河外，其余4个州市孕产妇死亡率均较高，地处藏区的迪庆州婴儿死亡率高达1.94%。由于上述原因，云南省贫困地区农村患者因病致贫、返贫现象较为突出。截至2017年年底，全省还有331.9万贫困人口。其中，经核实核准，因病致贫返贫近30万户110余万人，实施健康扶贫的任务紧迫而艰巨。

---

[1] 《云南省人均预期寿命大幅提升 去年人均预期寿命为74.7岁》，云南省人民政府网站，2019年5月20日，http://www.yn.gov.cn/ywdt/bmdt/201905/t20190520_170438.html。

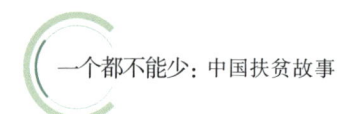

二、以医疗卫生帮扶助力脱贫攻坚

自 1996 年上海与云南确定对口帮扶协作关系以来,两地卫生部门完成了一大批对口帮扶和合作交流项目。2016 年 12 月,中共中央办公厅、国务院办公厅印发的《关于进一步加强东西部扶贫协作工作的指导意见》进一步明确了上海市帮扶云南省和贵州省遵义市的任务,同时要求深化结对帮扶,加强卫生等领域的人才支持。截至 2017 年年底,沪滇卫生扶贫协作已实现两个"全覆盖":一是对云南 16 个州市实现支援范围全覆盖;二是对上海三级综合医院实现支援任务全覆盖。

(一)构建高效务实的对口协作体系

沪滇医疗卫生对口帮扶协作具有完备的政策规划和组织动员体系。这项工作以《沪滇合作卫生健康重点工作扶贫协作协议》为基础,以《上海市对口支援云南省卫生事业领域专项规划》为蓝图,沪滇双方每年共同拟定年度帮扶工作计划,云南将工作计划下达至相关州市和贫困县,做好承接工作。目前,沪滇医疗卫生协作以两省市卫生部门为主要责任单位,上海市 28 所市级医院与云南省 28 个贫困县医院进行结对帮扶。

帮扶协作工作实施过程中,上海市卫生部门负责制定年度对口帮扶工作方案,协调与云南省卫生部门、各医疗机构的关系,收集、报送相关对口帮扶工作信息,对帮扶工作日常开展情况进行检查评估。同时,明确对口帮扶总体目标、年度任务和量化考核指标，协调做好支援医院派驻人员的生活、工作和安全保障。2018年8月，上海还明文要求市属各区扎实做好与各结对县的携手奔小康工作，通过区属医院结对帮扶贫困县医院，派驻医生开展接力帮扶，进一步帮助完善贫困县的县、乡、村三级医疗体系。

（二）统筹整合资源，加大资金支持力度

在沪滇卫生帮扶协作过程中，上海市投入大量财政资源支持云南省医疗卫生事业的发展。自2016年以来，上海共投入市级财政帮扶资金1.2339亿元，用于沪滇医疗帮扶工作。其中，每年安排60万元帮扶资金用于支持28个结对县医院的学科建设、提升医务人员能力，对当地贫困人口开展巡回诊疗救治。截至2017年年底，上海市医疗卫生系统累计向云南派出12批医疗队共1170人次，在当地共开展门急诊38.12万人次，完成手术3.99万例，建立特色专科400个，开展新技术、新业务2734项，捐赠设备约847.19万元，已有17家受援县医院顺利通过云南省二级甲等医院的评审。此外，根据国家对口支援藏区的有关部署，上海对地处高原地带的迪庆州进行重点帮扶，着力提升高原病、心脏病诊疗水平。

为确保协作资金充分发挥作用，沪滇两地还共同出台了《上海市对口支援云南省项目管理办法》，对帮扶协作资金实施监管。按照"资金跟着项目走、拨付按照进度走"的原则，确保资金用于扶贫工作。云南

方面负责资金的使用，上海方面配合监管。按照项目管理办法，每个项目实施后都经过审计，确保资金用到实处。

（三）精准帮扶，针对重点问题重点发力

第一，以能力建设为先导，帮助培养医疗专业人才。针对云南省医疗卫生行业高水平医疗人才不足的现状，上海市派出医疗专家团队赴云南省出诊，并对云南省的医护人员进行指导培训。上海市三级医院每家派驻1个医疗队（5名医护人员），赴各贫困县开展慢性病、突发性大病调研，为贫困人口开展巡回医疗，优化诊疗科目，支持重点学科建设和信息化建设，每半年轮换1次。同时，为提升云南医疗人员的专业水平，还组织各对口帮扶县医院的骨干医生到上海医院挂职培训。

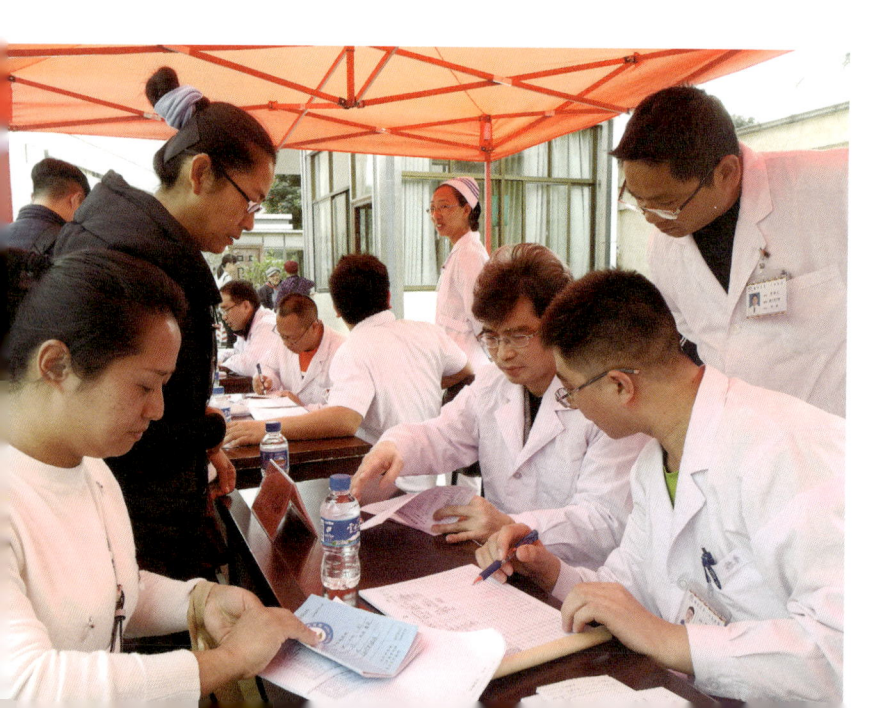

上海医护人员赴云南省进行义诊

第二，瞄准贫困群体，开展健康扶贫专项行动。2017年，上海市帮扶医院牵头为相关贫困县的1万名建档立卡户开展体检工作，帮助建立健康档案，开展健康教育，提供医疗卫生咨询服务。该项目入选了2018年度上海市精准扶贫十大案例。

第三，对重点地区予以重点帮扶。位于滇西北的迪庆州是云南省唯一的藏族自治州，这里海拔高，含氧量低，是云南省卫生条件最为薄弱的州市。根据中央关于推进藏区经济社会发展和长治久安的相关精神，上海将迪庆州作为重点帮扶协作对象，在对口支援工作中突出医疗卫生帮扶。近年来实施了为迪庆州人民医院住院部购置设备、在迪庆州巡回医疗及帮助建设相关乡村卫生所等项目，并有针对性地扶持高原心血管疾病专科发展。仅"十二五"期间，上海援助迪庆州人民医院用于建设制氧中心、高压氧舱的资金就达到了500万元。2010—2016年，上海交通大学附属第三人民医院为支援迪庆州医疗卫生事业，先后派驻医疗队12批共60人，迪庆州人民医院也派出赴上海进修人员6批共36人。2016—2018年，上海交通大学附属瑞金医院共派驻迪庆州医疗队4批20人，接收培训迪庆州医护人员两批共27人。截至目前，上海市援助的高压氧舱已进行高压氧治疗6600多人次。

（四）区县协作帮扶，多层次开展对口协作

在沪滇卫生扶贫协作过程中，上海市还安排市属各区与云南省各县结成对口帮扶关系，进一步提升了卫生扶贫协作的精准度和有效性。以

浦东新区对口帮扶大理州为例，通过整合浦东新区各参加支援任务医院的优质医疗资源，采取"组团式"帮扶方式，形成整体帮扶合力，使浦东的优质医疗资源辐射大理州各县。从2018年起，浦东新区卫生系统安排区属二级以上医院对口帮扶大理州各贫困县1—2所县级医院，加强以人才、技术、重点专科为核心的能力建设，不断提高受援地区基层医疗卫生服务能力和水平，力争到2020年，每年为受援医院"解决一项医疗急需，突破一个薄弱环节，带出一支技术团队，新增一个服务项目"。

通过上海的帮扶工作，云南各相关县医院技术水平得到了显著提升。仅2017年，上海帮扶工作就填补了当地多项医疗空白，创造了多个第一，如：上海市五院帮助兰坪县人民医院完成首例经尿道等离子前列腺剜除微创手术；新华医院在龙陵县初步建立儿童先天性心脏病筛查制度，帮助县医院建立新生儿重症监护室（NICU），指导发表了该县医院首篇SCI论文。以文山州为例，2010年以来，在上海市的对口帮扶下，婴儿死亡率、5岁以下儿童死亡率呈现出较为明显的下降趋势。

复旦大学附属金山医院对口支援云南大理永平县人民医院项目启动仪式

第二章　从中央到地方：一张蓝图绘到底

三、为边疆贫困地区建设一支"带不走的医疗队"

金平县是红河州孕产妇死亡高发县，每年孕产妇死亡逾2例（年分娩4000余例），孕产妇死亡率达0.05%，远高于0.019%的全国平均水平。降低孕产妇死亡率成为县卫生工作的重要任务。作为上海妇产科领域的高水准知名医院，复旦大学附属妇产科医院承担了对云南省红河州金平县人民医院为期5年的定点帮扶任务。自2016年6月开始，复旦大学附属妇产科医院专家团队来到金平县进行医疗卫生援助，截至2018年年初，金平县再未出现1例孕产妇死亡案例。

人物故事——赵宇清的精湛医术挽救了一位农村母亲的生命

第一批医疗队队长赵宇清至今还记得，2016年6月10日，她和队员们刚到金平不久，恰逢端午节休假，一名产道大血肿的产妇由救护车转运到了金平县人民医院。40岁的产妇已是3个孩子的母亲，最大的孩子已有20岁。这次怀孕像往常一样没有进行过产检，在家中分娩，却不料，生产用了两天时间，孩子娩出后，产妇一直下腹坠胀疼痛，不得已才来医院就诊。经过检查诊断，赵宇清判断是因为分娩时产道深部血管撕裂，血液不能外流，积聚于局部，形成血肿。如果不及时处理，容易导致产后出血，甚至造成失血性休克。赵医生迅速为病人实施了血肿切开缝合术，即切开血肿清除血块，寻找到断裂的血管缝扎出血点。经过精心分层缝扎，止血效果明显，手术十分顺利。来自2000公里外的上海医生，挽救了一位云南农村母亲的生命。

金平县人民医院最突出的问题是人才短缺。医院妇产科共有医生16人，都是本科或大专学历，其中工作年限5年以下者占60%，工作年限仅1—2年的占56%，尚未考取执业医师资格证书的占30%。针对这一问题，上海医疗团队抓紧对当地医护人员进行专业知识、设备应用操作培训。为提高当地医院对危重病的抢救能力，医疗团队还设计了系列方案，通过病例讨论、业务学习、医疗质量总结汇报、协助开展助产技术培训班、应急抢救演练等方式，达到实践与理论交互上升的目的，力争在支援任务期内较大幅度地提高本地医务人员的专业能力。

除了技术输出，复旦大学附属妇产科医院医疗团队还手把手地带着当地医务人员制定了医疗规章制度和流程，建立了更适宜于当地医疗条件的妇产科诊疗规范，提高高危妊娠的筛查诊治水平。经过一年多努力，上海医疗团队在金平县人民医院建立起产后出血分级预警及管理制度。针对金平县当地孕妇体型及胎儿体重特征，又制定出适合当地实际的医疗流程规范，对一些标准进行了硬性规定，例如：手术室产科优先、B超15分钟出报告、输血30分钟到位等。

金平县女性孕期没有定期产检、在家生孩子、早婚早育现象屡见不鲜。在接触大量孕产妇抢救病例后，上海医疗团队意识到降低金平县孕产妇死亡率，仅从医院的技术和管理上下功夫还不够，还需要加大科普宣传的力度。于是上海医疗团队与当地医师一起深入到各个乡镇开展义诊，去学校开展婚姻和生殖保健讲座，以提高当地居民对分娩安全的重视。据统计，仅第2批医疗团队在援助金平县的半年间，就累计培训医务人员970余人次，科普青少年及村民1380余人次，义诊950余人次。

复旦大学附属妇产科医院与金平县开展卫生扶贫协作以来,金平县的医疗条件和救治体系建设有了明显进步。县人民医院有了第一管备血,分娩室添置了心电监护仪;孕产妇产后出血比例由 6.55% 降至 2.87%,大于 1000 毫升的比例从 3.45% 降至 0.82%;金平县分血站已开始规划筹建。更重要的是,经过数年的医疗卫生帮扶,在上海医疗团队指导帮助下,金平县人民医院医护人员的专业水平有了明显提升。2000 公里外的上海,为边疆贫困地区培养了一支"带不走的医疗队"。

四、区域卫生医疗协作是助力脱贫攻坚的重要方面

自沪滇对口扶贫协作启动以来,特别是党的十八大以来,上海市以高度的大局意识和政治责任感,积极贯彻党中央战略部署,全力开展支援云南省的医疗卫生帮扶协作工作。上海医院各支援医疗团队在云南执行对口支援任务期间,以高超的医术和无私奉献的精神救治了数以千计的患者,与云南省各族人民结下了深厚的情谊。沪滇医疗卫生帮扶协作有效提高了云南省的医疗卫生水平,改善了当地的医疗卫生条件,促进了云南省居民生活水平与医疗质量的提升,在预防云南省居民因病致贫、因病返贫问题上发挥了重要作用。主要经验与体会如下:

第一,帮扶方的有效组织和必要投入是沪滇健康扶贫协作成功的前提条件。在沪滇卫生医疗帮扶过程中,上海市动员了市属各区、各三级医院投入大量人力、物力,市卫生部门制定了年度对口帮扶工作方案,

明确了对口帮扶总体目标、年度任务、结对帮扶要求和量化考核指标，并注意协调做好支援医院派驻人员的生活、工作和安全保障。同时，上海市投入大量财政资源，并通过与云南方面共同加强项目资金管理，确保了资金投放的精准度和有效性。

第二，结合被帮扶地区的实际需求和帮扶方的优势特长进行科学规划和统筹实施，是沪滇健康扶贫协作成功的关键。沪滇两省市扶贫团队按照"中央要求、云南所需、上海所能"的原则，结合帮扶双方工作实际情况，对云南省贫困地区扶贫与发展需求展开充分调研，共同制定了《上海云南扶贫协作"十三五"规划》。在实际工作中，对口扶贫单位不断完善顶层设计，强化交流协作，畅通部门联系渠道，加强监督管理，加大宣传动员，逐步形成组织有力、目标明确、责任明晰、推进有序、监管到位的扶贫协作推进机制，确保了扶贫协作工作的顺利推进和成功实施。

第三，提升贫困地区医疗技术和服务水平是健康扶贫协作的核心内容。一方面，沪滇双方通过援建卫生机构、捐赠医疗器械设备、安排进修培训、共建远程医学教育网络等软硬并举的合作方式，提升了云南省医疗队伍的技术水平，壮大了专业技术人才队伍。另一方面，双方通过对县、乡、村各级医疗机构的援建支持，增强了云南省医疗机构的管理水平和服务能力，进而实现当地群众"大病不出省，中病不出市，小病不出县"的目标，提高了医疗效率和成功率，提升了贫困人群的健康水平，减少了贫困群众看病支出，使贫困群众实实在在受益。

十八洞村洞见传承与发展

——精准扶贫首倡地"风起苗寨，立言立行"

湖南省湘西土家族苗族自治州花垣县十八洞村所在的湘西作为中国14个集中连片特困地区之一，是中国深度贫困地区的缩影。正是在十八洞村，习近平总书记首次提出精准扶贫方略。经习近平总书记指点，十八洞村利用自身资源发展乡村旅游，成功实现精准脱贫。2017年2月，十八洞村宣布成功脱贫摘帽。2018年，全村集体经济收入从2013年空白上升到70万元，全村人均纯收入从2013年的1668元上升到12128元，成为全国精准扶贫、精准脱贫的典型。十八洞村先后荣获"全国先进基层党组织""全国少数民族特色村寨""全国乡村旅游示范村""全国文明村""全省脱贫攻坚示范村"等殊荣。

十八洞村成功脱贫的案例一方面反映了习近平总书记理论联系实际、指导实践发展的正确性，也同时佐证了习近平总书记"绿水青山就是金山银山"的理论与实践价值。

十八洞村全貌（今）

一、精准扶贫方略的首倡故事

十八洞村，洞洞相连，纯苗聚居，与世隔绝。高山峡谷间并非"不知有汉，无论魏晋"的世外桃源，而是交通闭塞的落后村寨。正如十八洞村人熟悉的一首苗歌唱道："山沟两岔穷疙瘩，每天红薯苞谷粑。要想吃顿大米饭，除非生病有娃娃。"

2013年11月3日，习近平总书记经由一条尚未硬化的毛坯路，一路颠簸来到十八洞村，走进了村民石拔专（音）的家。石拔专和她的爱人都已年老，俱不识字，也不会说普通话，而她的两个女儿都已出嫁，当时他们黑黝黝的屋子里唯一的电器是一盏5瓦的节能灯。

第二章 从中央到地方：一张蓝图绘到底

看到有客人进来，石拔专就按照当地苗族的礼节热情迎接，用土语问道："怎么称呼您？"十八洞村村主任介绍："这是总书记。"习近平总书记握住老人的手询问年纪，听说老人64岁了，便说："您是大姐。"

"那天来了好多人，我也不晓得来的哪个，家里那时也没有电视。没想到来的是总书记！"石拔专老人后来回忆当时场景时笑得眼睛眯成一条缝，"进屋后，总书记看了粮仓，问我粮食够不够吃？种不种果树？养不养猪？他还走到猪栏边，看我养的猪肥不肥。"如今，在石拔专家堂屋最显眼的地方，挂着习近平总书记和大家围坐交谈的照片，她家里也有了电视机，每天打开电视，她先看看有没有总书记的报道。

从石拔专"大姐"家出来后，习近平总书记又走访了村民施成富家，并在他家门前的空地上同聚拢来的村民拉起了家常。正是在这次座谈上，习近平总书记作出"实事求是、因地制宜、分类指导、精准扶贫"的重要指示，并亲自给十八洞村的发展支招：这里就是小张家界，可以发展乡村旅游。他同时要求，十八洞村开展扶贫工作"不能搞特殊化，但不能没有变化"，十八洞村不仅要自身实现脱贫，其脱贫之路还要"可复制、可推广"。

湘西州委、州政府对此高度重视，构建了"群众愿意干、干部带着干、社会帮着干、创新智力干"的工作格局，聘请专家献计献策，推动优质社会资源投资全域旅游、乡村旅游和特色产业发展，引导社会各方面积极参与扶贫、助力扶贫；组建十八洞村精准扶贫工作队，从县直相关部门抽调农村工作经验丰富、会说苗语、懂苗族风俗习惯的年轻党员干部担任工作队队长和队员，其中工作队队长由具有乡镇党委书记工作

经历的干部担任。同时选派第一支书驻村开展工作，并把工作队队长和第一支书的党组织关系下转到村党支部，全力配合村两委开展工作。

二、整合资源，物质精神双脱贫

（一）好资源、好规划、好项目

十八洞村全村共 225 户仅 939 人，人均耕地仅有 0.83 亩，是由竹子和飞虫两个村携各自辖下的两个自然寨合并而成。2013 年习近平总书记考察的寨子叫梨子寨，是十八洞村四个自然寨中最小的寨，只有 108 人。

"两个村子合并时，双方对新村子的村名曾有过激烈争执。"时任竹子村村主任的施金通回忆，"我提出，原本的两个村名都不采用，当地有个十八洞，大伙最后商议干脆就叫'十八洞村'"。

所谓"十八洞"是指当地一个超级溶洞群，需用垂直软梯才可进入，匍匐通过一个仅可容身的小洞口后，才豁然开朗，慢慢可以发现其中的 18 个岔洞。"我进过一个岔洞，走了六七个小时。曾经有一支来自广西的探险队在洞内走了 7 天 7 夜，还没看全。"十八洞村扶贫工作队队长吴式文介绍道。

整合而成的十八洞村作为一个保存完整的苗寨，地处中国上古神话中蚩尤部落群的核心区域，附近还有莲台山、黄马岩等旅游资源，可与知名文学家沈从文笔下的边城茶峒连成精品旅游线路，并依托乡村旅游形成"以一带四"模式，开发猕猴桃种植业、黄牛养殖业、苗绣手工业和劳务输出业。在实施"以一带四"模式中，5 名党员服从县政府抽调转到村党支部，通过竞争上岗，其中 3 名产业带头人、1 名大学生村官成为村主干（村党组织书记、村委会主任），1 位本地能人当上主干助理。

当然，要让村民接受新理念、新思路，还有一个过程。十八洞村扶贫工作队队长吴式文回忆，2014 年 5 月，工作队建议采取异地流转土地的飞地经济模式，在另一个乡镇租赁 1000 亩土地种植猕猴桃。当时预测，猕猴桃每亩产量 5000—8000 斤，市场价每斤 10 元左右，每亩

十八洞村全貌（今）

收入在 5 万元以上且利润可观。面对这一方案，不理解产业经济的十八洞村村民却基于过往经验——十八洞村的山上、岩上到处都有野生猕猴桃，投了"反对票"。

为此，工作队分批组织村民前往四川蒲江参观蒲江猕猴桃产业。一位村民描述道："那里家家户户种猕猴桃，一个镇上就有两家卖汽车的店铺，家家都住小洋楼。"见过这样的"世界"，十八洞村村民方才纷纷同意上马猕猴桃项目。

（二）发展乡村旅游业，资源、游客"请进来"

十八洞村"旅游+"扶贫发展格局形成后，村民们怎么深入参与到旅游服务中进而获取收益成了主要课题。工作队和当地乡政府决定，以"农家乐"项目为突破口，鼓励村民创办"农家乐"。

为了更好地发展乡村旅游，十八洞村专门成立了游客接待服务中心，由中心对村内开办的各个"农家乐"厨房和宾馆实施规范管理，对"农家乐"接待户按区编号管理，并实行统一接团、统一分流、统一结算、统一价格和统一促销。

2015 年年底，十八洞村入选全国旅游规划扶贫试点村，随后成都来也旅游发展股份有限公司开始对十八洞村进行旅游扶贫规划。2016 年，十八洞村荣膺"全国旅游系统先进集体"称号，全村贫困户 136 户 533 人全部脱贫。2016 年年底，花垣县引入首旅集团华龙公司、北京消费宝公司，以十八洞村为龙头，计划投入 6 亿元，连接周边 10 个

① 民居改造前
② 民居改造后
③ 自来水入户入橱

村打造蚩尤部落群国家5A级景区。目前，十八洞村已有9家"农家乐"，2017年接待游客超过26万人次。

典型故事——总书记的到访激励施成富家首办"农家乐"

十八洞村村民施成富家——习近平总书记当时到访过的第2户人家，大胆地迈出了第一步。81岁的施成富常激动地向游客讲述习近平总书记来到他家的情景："那天总书记来，看得特别细。他翻开铺盖，拍了拍被子；打开米缸，看看里面有多少米；用手敲敲谷仓，听声音是不是满的；还特意看了厨房和厕所。"

施成富的小儿子施全友当时正在外打工，那天下班后，从电视上看到习近平总书记到了自己家里，非常激动，"感觉家乡发展的机会到了！"他连夜登上了回家的火车。

2014年2月，扶贫工作队驻点到村。在扶贫工作队的帮助下，施成富家里一百多年的木头老房子边，新修了厨房和厕所；锅台变高、变干净了，地面变成水泥的了，还增添了淋浴设备。2014年5月，鞭炮声中，十八洞村里第一家"农家乐"——"巧媳妇"开门营业。现在，施成富家生意好的时候，一个月能收入五六千元。

（三）从物质脱贫到精神脱贫

2017年10月13日，反映中国精准扶贫的电影《十八洞村》上映。红色土壤、绿色梯田、蓝布衣装，辅以湘西乡音、苗歌苗鼓，再次推高了这座隐匿在湘西大山中的小山村的人气，更展示了传统中国村落家族的乡土性和民族性面对世俗发展需要时的冲突与融合。

"在现实主义的基石之上,影片题旨触及中国传统农民的人与自然、人与土地的关系,生发出充沛的人文主义情怀。"中国电影资料馆馆长孙向辉表示。

影片取材于十八洞村的真实故事,退伍军人杨英俊拒绝戴上贫困户的帽子,在扶贫工作队的帮扶下,带领杨家兄弟立志、立身、立行。面对贫困现状,村民虽心态各异,但对于改变命运的期盼却时刻共鸣,在追求生活脱贫的过程中,更是完成了一次精神上的脱贫。

2016年8月至2017年4月,该片导演苗月为拍摄好当地原生态的自然景观,走访了很多湘西村寨。她在十八洞村走访的第一户人家,就是后来的电影主角杨英俊的生活原型:"我听男主人讲他的经历,真的非常感动。他原来是一个军人,复员时恰逢20世纪80年代实行包产到户政策,他们家也分到了一份土地。因为农民对土地的热爱,他一直辛勤耕作了30年。现在,'杨英俊'老了,家里还有智障的孙女,精准扶贫帮助他们维护了生命的尊严和对土地的敬意。他们坚守着土地,有着精神的自尊,但因为现实情况,物质生活与精神自尊不匹配。国家的精准扶贫让他的生活质量获得很大的提升,获得了真正的自尊。"

苗月表示:"如果不是拍电影,我可能永远也没这个机会走进这个村,了解他们过往的生活、现在的生活,我觉得我们偏远地区的人民是挺不容易的。"苗月认为,通过拍摄《十八洞村》,能让更多人更形象地了解精准扶贫的意义。她坦言:"能在民族复兴的伟大历程中,记录并书写中国的'脱贫奇迹',这就是我的初衷。"

2018年6月,老挝人民革命党中央总书记、国家主席本扬率老挝党政高层代表团赶赴十八洞村考察，重走习近平总书记 5 年前走过的路线。陪同考察的中共中央对外联络部部长宋涛向本扬赠送了《十八洞村》的电影光盘，说道："这是习近平总书记特意嘱咐我送给您的礼物。"

"非常感谢习近平总书记的礼物，我非常喜欢。"本扬说，"在十八洞村，我亲眼看见了中国贫困偏远地区的扶贫成效，进一步感受到习近平总书记的领袖风范。习近平总书记不仅胸怀天下、心系国家，而且关心少数民族的生产生活，对偏远山村的基层民众嘘寒问暖，这都非常值得老挝人民革命党认真学习。"

三、党建精神引领，确保脱贫成效

作为精准扶贫方略的起源地和闻名全国的"明星村"，湖南省湘西土家族苗族自治州花垣县十八洞村的老百姓，在驻村扶贫干部的协助下，积极探索和实践精准扶贫的思想内涵，靠"以一带四"模式，依托乡村旅游，开发猕猴桃种植业、黄牛养殖业、苗绣手工业和劳务输出业，走出了一条"可复制、可推广"的脱贫之路。主要经验与体会如下：

第一，党建先行，能增强内生动力。习近平总书记提出要"切实落实领导责任""切实加强基层组织""增强内生动力"。花垣县委、县政府以驻村帮扶工作队、村两委和青年民兵突击队建设为抓手，推动党员干部与村民同吃、同住、同工作，有效促进了科技知识的传播和地方经验的交流，推动了群众观念的转变，提升了群众思想道德水平，凝聚了民心、民意和民力。

第二，机制创新，可确保脱贫成效。扶贫工作队为了切实做到精准扶贫，依托民间礼俗纽带，建立了"七步法[1] + 九不评[2] + 道德星级评价"的精确识别体系，认真入户调查核实并结合实际制定"十八洞村贫困农户识别九个不评"的标准。按照七步程序进行申请，并张榜公布结果。探索创立"村民思想道德星级化管理"模式，以组为单位，每半年组织召开一次全体村民大会，与会人员从支持公益事业、遵纪守法、社会公德等六个方面进行公开投票，村民互相打分进行星级评比，评出星级个人和星级农户，增强了村民的集体荣誉感和个人能动性。

第三，"全域规划 + 全民参与 + 五个统一"，有助于旅游扶贫的利益联结。经国务院扶贫办和国家旅游总局协调，十八洞村被纳入花垣县旅游"五大景区"总体布局，依托丰富的旅游资源和浓郁的民族文化，引入外部企业开发本村"红色旅游""神秘苗寨""峡谷溶洞游"。当地动员全民参与开发，推出苗家腊肉、农家豆腐、苗鱼、苗鸭等民族特色餐饮，按照"修旧如旧"原则，进行景区民居改造，实施了改厨、改厕、改浴等"五改"，建成村级游客服务中心等景区配套设施，开发苗族"三月""赶秋""过苗年"等传统节庆活动，最终整合形成对"农家乐"实行统一接团、

---

[1] "七步法"：户主申请、群众投票识别、三级会审、公告公示、乡镇审核、县级审批、入户登记。

[2] "九不评"：吃财政饭的不评，有车的不评，有楼房的不评，全家外出务工的不评，有小加工企业的不评，在县城买了商品房的不评，违反计划生育政策的不评，违法违纪的不评，不支持村里公益建设的不评。

统一分流、统一结算、统一价格、统一促销的"五统一"管理模式，并采取"企业+基地+贫困户+村集体+观光体验旅游"的农旅产业园模式，由公司统一运营，实现了全村、全县旅游扶贫利益的有机联结，走上了集体脱贫、共同富裕之路。

第二章　从中央到地方：一张蓝图绘到底

7 村的沧桑巨变

——民族融合与产业扶贫助力新疆民生发展

　　提起新疆维吾尔自治区阿克苏地区乌什县前进镇托万克麦盖提村（又称为"7 村"），很多当地人都用"震惊"来形容这几年它的巨大变化。自从 2017 年 3 月，新疆维吾尔自治区党委组织部、老干部局"访惠聚"工作队[1]入驻 7 村以来，坚持把提高脱贫质量放在首位，大力实施"一村一品"林下经济产业扶贫专项工程，充分利用当地资源禀赋，引进林下黑木耳种植项目，建设村集体企业菌棒厂、核桃深加工厂，带动村民就地就近就业；实行"企业＋农户"的模式，成立黑木耳种植农民专业合作社，打通销售渠道，切实改变农民收入状况。同时综合施

---

[1] "访惠聚"工作队：为全面推进转变干部作风、加强民族团结、促进宗教和谐、保障改善民生、维护社会稳定、强化基层基础，自 2014 年 3 月，新疆在全区开展"访民情、惠民生、聚民心"（简称"访惠聚"）系列活动，组建 5.6 万个驻村工作队走访群众 3.8 亿多人次，排查安全隐患、化解矛盾纠纷 137 万余个，投入资金 74.8 亿多元，为群众办实事好事 200 余万件，帮助 203.6 万多名群众实现就业。

策，整村推进精准扶贫之路，改变农民"等靠要"思想，改善生产生活条件，为农民长期致富奠定坚实基础，做到了真扶贫、扶真贫。

通过两年的努力，7村发生了翻天覆地的变化，不仅摘掉了贫困村帽子，还成为远近闻名的"黑木耳村"。种植黑木耳亩均收入1万元，分别是小麦、玉米亩均收入的25倍、12.5倍；核桃亩均增收1200元，实现了高产出、高效益。通过就地就业、外出务工等多种途径，全面增加农民收入。2018年贫困户人均年收入达13258元，比2016年增长了3.5倍。驻村工作队精准扶贫的经验做法卓有成效，成为扶贫工作的典范，在全疆乃至全国起到了很好的示范作用。

一、科学利用资源禀赋，激发民众内生动力

新疆维吾尔自治区阿克苏地区乌什县前进镇7村地处新疆天山南麓、塔里木盆地西北边缘，位于前进镇西北18公里处，距乌什县城13公里。全村共6个村民小组，379户1520人，其中汉族13户36人、维吾尔族366户1484人。全村共有贫困户65户230人，低保户167户351人，五保户3户4人。其中，有121人因病、因残致贫，占贫困户总人数的52.6%。2016年全村人均年收入8235元，贫困户人均年收入2985元。

7村产业结构相对单一，农作物以小麦、玉米为主，林果业以核桃为主。由于地下水位高、土壤盐碱大、排碱渠年久失修，粮食作物收成

不好、林果品质产量不高。再加上村民文化素质偏低，自我发展能力不足，部分村民"等靠要"思想严重，严重制约了脱贫攻坚工作步伐。

自 2017 年 3 月以来，驻村工作队把脱贫攻坚扛在肩上、落实在行动上，在深入调查摸底全面掌握 7 村致贫原因的基础上，结合当地实际情况，充分利用当地资源禀赋、产业基础等条件，反复论证、试验，最终选定了林下黑木耳种植项目，作为带领村民脱贫致富的主导产业。此后，广泛宣传动员，循序渐进，持之以恒，用蚂蚁啃硬骨头的韧劲，老牛爬坡的拼劲，横下一条心，放开手来干，敲开了黑木耳助农增收的致富门，将废弃的果树枝变成脱贫的"金疙瘩"，同时加大产业扶贫和配套保障力度，探索出了一条产业扶贫、就业扶贫、整村推进的精准扶贫之路，达到了村民短期增收和长期致富的目的，得到村干部和全体村民的高度认可。

二、"奖勤罚懒"，消除"等靠要"

（一）深入调研、反复论证选产业

工作队驻村后，队长、第一书记李科琼充分发挥曾经在县乡两级工作、了解熟悉基层的经验优势，第一时间带领驻村工作队队员串访农户，调查贫困原因，倾听村民心声；走地头，看土壤墒情，掌握产业基础；跑单位，了解生态环境和气候资源。经过调研，工作队发现，7 村地处中纬度、中高海拔，气候凉爽、水资源丰富、林果业面积大，非常适合各种菌类种植。为此，工作队把菌类种植作为产业精准扶贫的主攻方向，从内地引进蘑菇、黑木耳等菌种，经多次比对试验，最终选定浙江黑木耳 A3、A9 两种品种作为精准扶贫产业推广种植品种。同时，利用核桃种植面积大的特点，筹备引进核桃深加工项目，做到扬长避短、变"不利"为"有利"，实现产业选择精准。

（二）广泛宣传、激发动力赢信任

种植黑木耳的出路找到后，如何让村民接受又成为摆在工作队面前的另一个难题。由于文化水平偏低，长期生活在固定的环境，视野相对狭窄，很多村民在面对新生事物时缺乏认识判断能力。很多村民压根不了解黑木耳，有的甚至认为黑木耳是海里长出来的，怀疑当地根本不可能种出黑木耳。针对大部分村民存在好近利、喜对比、乐趋势这3个特点，工作队决定从改变思想观念入手，广泛宣传黑木耳的良好经济效益、社会效益、生态效益和市场前景，循循善诱，最终得到群众的认可和支持。

典型故事——穆太力甫·太外克种植黑木耳菌棒实现脱贫致富

穆太力甫·太外克几年前因车祸而致残，一家四口人靠种地的微薄收入维持生活，家庭生活非常困难。驻村工作队多次到家动员，鼓励他通过种植黑木耳脱贫致富。在工作队的帮助下，曾经认为"木耳是从海里长出来"的他于 2017 年率先种起了黑木耳菌棒，短短几个月内就增收 8500 元。尝到甜头后，他在 2018 年年初又种植了 1700 个菌棒，收入达 15000 元。

为了激发村民自我发展的内生动力，逐步消除"等靠要"的思想，工作队还制定实施积分管理办法，鼓励村民通过参与公共事务获得相应积分，兑换相应商品，引导村民树立"自己动手，丰衣足食"的理念，为推广种植黑木耳打下了良好基础。

（三）示范引领、合理分工推产业

为了稳妥推进种植产业，工作队先选择了 6 家贫困户试点种植黑木耳，结果两个月就户均增收 8500 元。试点种植成功后，65 户贫困户成为村里第一批黑木耳种植户。2018 年年初，工作队又打造了 13.5 亩的黑木耳林下种植科技攻关示范基地，一方面由技术员进行指导和数据测试，另一方面作为其他种植户的示范学习基地。通过召开现场会、示范户现身说法、村民参观等做法，全面介绍黑木耳的种植技术，进行黑木耳种植动员工作，按照先贫困户、后一般户的顺序推广。同时，取消"普惠"制，实行"奖勤罚懒"的做法，为积极申请种植黑木耳的贫困户发放电视机，并定期评选黑木耳种植管理先进户，奖励化肥、地膜等生产物资。

在推广种植菌棒的过程中，驻村工作队结合村民注重眼前利益的特点，让村民用20公斤废弃的果树枝换一个菌棒，打消了村民不知收益高低的顾虑，避免了村民因考虑成本而影响种植积极性的现象。针对部分贫困户主动脱贫内生动力不足、动手能力不够的特点，驻村工作队制定了"结合实际合理安排产业分工"的工作思路，积极争取项目资金，建设菌棒厂，解决前期投入和技术难题，发给农民育好种的菌棒，让农民在家只需定时浇水、转棒、覆膜、除草、晾晒，到期采摘销售就有收入，极大地激发了村民种植黑木耳的积极性和主动性。

典型故事——图妮萨汗·居麦种植黑木耳兼打工大幅创收

图妮萨汗·居麦的丈夫几年前去世，她一人带着两个上学的孩子，生活举步维艰。在驻村工作队的帮助下，2018年图妮萨汗·居麦在自家院子种植黑木耳，短短的四个月就增收11000元，再加上在核桃厂打工每月增收2200元，生活有了很大的改善。

（四）技术支持、合作运营增效益

为保证黑木耳种植项目干得了、种得好、收益高，驻村工作队从浙江引进黑木耳种植农民专家，一方面培育当地技术骨干，另一方面让驻村工作队队员和村干部首先掌握技术，为黑木耳推广种植提供技术保障。通过实行"多对一"责任帮扶机制，成立黑木耳种植技术服务队，组织技术骨干每天走访查看情况、教授技术、解决难题；每天24小时监测拱棚温度、湿度；每周对比分析拱棚温度、湿度数据，帮助群众及时调整浇水时段、次数；根据黑木耳种植阶段性需要，定期举办种植技术培训班，把工作做到群众心坎上。

通过市场化运作模式，采取"企业＋合作社＋基地＋农户"的方式，组织贫困户与农业龙头企业成立乌什县燕山情黑木耳种植农民专业合作社，引导合作社以让利于民的方式提高收购价，按每公斤一级、二级、三级干木耳分别为90元、80元、70元的标准收购；并通过保底分红、利益返还的形式，让黑木耳种植户合理分享全产业链的增值收益，让村民有实实在在的获得感。同时，注册"7村黑木耳"品牌，设计产品包装，申请有机认证，建立销售网络，积极联系疆内外高校、国有企业、大型超市签订销售合同。在第六届中国—亚欧博览会上，"7村黑木耳"吸引了众多往来客商、游人的眼球，送展的1吨黑木耳被抢购一空，签约订单50吨，打开了国内外市场销路。

三、脱贫需要强有力的工作队和科学的工作方法

7村"访惠聚"工作队突出的工作成果和生动的扶贫故事不仅体现了新疆维吾尔自治区结合实际创造性开展脱贫攻坚的明显成效，更体现了以习近平同志为核心的党中央聚焦维护社会发展稳定和实现长治久安总目标的治疆方略。主要经验与体会如下：

第一，脱贫必须要有一支综合能力强的工作队。脱贫工作开展得好坏，选人用人是关键。驻7村工作队整体力量强，尤其是工作队队长了

解基层、熟悉基层，第一时间查实情、寻根源、定思路、明措施。所有工作队队员各有特长、各尽其职，能吃苦、甘奉献，相互补台、通力合作，是一个能征善战的团队。因此，要确保精准扶贫有效展开，必须选配一支综合能力强的工作队伍。

第二，必须因地制宜选好产业。驻 7 村工作队坚持因地制宜，直面矛盾破难题，充分利用当地资源禀赋和市场需求，既着眼于短期收益，又考虑长期增收，找准了适合当地自身发展的脱贫产业，不仅惠及本村，而且辐射带动了周边乡村，真正做到了选择产业精准。各地资源禀赋千差万别，在选择产业时，不可急于出成绩，凭一腔热情行事，而要立足当地实际，在精准上下功夫，把好脉、问好诊、开好"药方"。

第三，必须要有精准的工作流程。驻 7 村工作队产业扶贫工作流程精准，环环相扣、步步为营、稳扎稳打，在关键环节上建立了管用的制度、机制。因此，开展产业扶贫工作，必须深谋远虑，提前研究确定精准的工作流程，制定"作战图"，拟定应急措施，为各项工作稳步有序开展奠定坚实基础。

第四，必须要有齐全的配套措施。驻 7 村工作队在开展产业扶贫的同时，同步安排部署就业扶贫、基础设施建设项目，解决群众牵肠挂肚的民生问题，为村民安心发展产业保驾护航，从而保证了产业扶贫、就业扶贫、整村推进的精准扶贫工作落地生根、开花结果。因此，在开展产业扶贫的工作中，必须多方考虑、统筹兼顾，建立一套齐全的配套措施。

第五，必须发挥工作队派出单位作用。驻 7 村工作队派出单位坚持队员当代表、单位做后盾、一把手负总责,把驻村工作与单位工作同安排、同部署,部门领导定期到驻村点看望慰问队员,稳定"军心",在政治上持续关心、工作上指导帮助、财务上大力支持,为工作队员扎根基层、安心工作提供了坚强的组织保障。因此,参与扶贫工作相关单位必须加大保障力度,提高服务质量,助力驻村工作队深入有效开展扶贫工作。

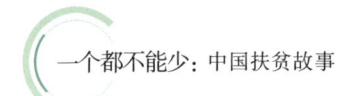

河边精准扶贫与乡村振兴的成功实验
—— 公益助贫，多方参与

云南省勐腊县河边村是一个长期处于深度贫困的瑶族村落。深度贫困群体是指生活在落后地区、边远山区、少数民族地区的集体性陷入多维度贫困陷阱的群体，这样的群体既是扶贫工作中的重中之重，也是扶贫工作中的难中之难。

2015年，中国农业大学李小云教授来到云南省勐腊县河边村，注册成立了旨在探索公益资源下移的小云助贫中心，带领团队在河边瑶族村展开公益助贫实验——河边精准扶贫与乡村振兴实验(简称"河边实验")，研究深度贫困脱贫之路。"河边实验"在"扶贫最后一公里"探索出了"党委领导、政府主导、大学及公益组织深度参与、以贫困农民为主体"的大扶贫模式，令一个深度贫困村庄逐渐成为一个集小型会议和高端休闲为主体的会址休闲村落，成为当地乃至全国知名的云南特色美丽宜居村，吸引了来自非洲、东南亚以及中国各地前来参观考察的人们。

第二章　从中央到地方：一张蓝图绘到底

2017年，云南省委书记陈豪专程赴河边村考察，高度肯定并指示在云南全省宣传河边模式。同年，国务院副总理汪洋为李小云教授颁发"全国脱贫攻坚创新奖"。

① 河边村全貌（昔）
② 河边村全貌（今）

一、深度贫困的瑶族村落

河边村民小组（简称"河边村"）位于云南省西双版纳傣族自治州勐腊县勐伴镇，行政隶属于勐伴镇勐伴村的一个村民小组（自然村）。河边村系 1982 年由高桥旧址搬迁而来，地处西双版纳热带雨林自然保护区南腊河流域，平均海拔为 800 米左右，平均气温 19.2℃，年均降雨量 1600—1780 毫米。截至 2019 年 6 月，全村（常住人口）共有 57 户 206 人，其中劳动力 138 人，2 人为汉族上门女婿，其余皆为瑶族（蓝靛瑶）。河边村现有土地 782.3 亩，其中水田 145.7 亩、旱地 636.6 亩、橡胶林地 2800 亩左右（其中半数与某橡胶开发公司存在橡胶开发争议）；人均水田地 0.67 亩，人均旱地 2.95 亩。

河边村是一个长期处于深度贫困的村庄。村内人畜混居、无安全住房、无硬化道路、无通讯及网络信号，村民生活艰苦，妇女儿童"见人就跑"。农户缺乏固定资产，收入很低，主要收入来源是种植甘蔗、砂仁及外出打工。2015 年河边村人均可支配收入为 4303 元，人均消费支出为 5098 元，人均债务为 3049 元，村庄呈现集体性的低收入状态，而且农户间的可支配收入的差异很小。一方面，现代消费文化不断推高农户的实际支出，致使相当多的农户依靠债务维持消费，人均负债高达人均可支配收入的 70%；另一方面，现代性的福利要素如教育、医疗等又继续构成农户的刚性支出内容，基本无法通过减少支出来减轻负债，加之农户传统的支出，使得河边村农户陷入到了"三重性"（低收

① 河边村儿童在老房子里
② 河边村房屋内部（昔）
③ 河边村房屋（昔）

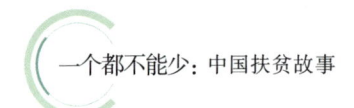

入、高支出、高债务）贫困陷阱。

为了协助深度贫困地区人民走出贫困陷阱，并确保脱贫的可持续性，李小云助贫团队从河边村深度贫困的致贫原因、脱贫策略以及与乡村振兴有机衔接 3 个方面探索深度性贫困的综合治理问题，以"瑶族妈妈一间客房"为主导项目，利用当地自然资源、地理优势和人文特点，建设集小型会议、自然课堂和高端休闲为一体的益贫性的新业态产业体系，旨在大幅度、可持续提高农户收入，同时让农民在复合型产业中实现收入的多元化，规避风险，助推河边村民走出贫困陷阱并实现可持续发展。

二、嵌入式客房 + 自我发展能力提升

"河边实验"是一个复合性的发展实验，包括对村庄进行全方位、多层次的改造和治理，打造新业态，培养村庄自我"造血"功能等。

（一）改善住房条件，开发新业态产业

李小云助贫团队充分利用河边村的气候资源、景观资源和文化资源优势，以及政府对河边村基础设施和住房改造的投入，打造嵌入到农居的具有瑶族特色的"瑶族妈妈的客房"，并配套会议、餐饮等辅助设施，以此为基础将河边村打造成为集小型会议、高端休闲、自然

第二章 从中央到地方：一张蓝图绘到底

教育为一体的新业态产业村，从而大幅度提高农户的收入。

第一，建设57套具有瑶族特色的嵌入式"瑶族妈妈的客房"。借助政府"整村推进"项目和危房改造的扶贫补助资金，李小云及其团队帮助村民设计干栏式房屋，并动员村民参与修建"示范户"，在新建房屋内装修一间用于接待客人创收的客房。农户还组成建房互助小组，跟着专业建筑师傅学手艺，在李小云助贫团队的指导协助下，建造美观宜居的新房子。与此同时，村民还接受了专业的酒店服务培训。截至2018年年底，村内57户人家均住上崭新的木楼，其中45户完成了客房装修，接待入住客人上千人次，全村客房总收入近200万元。

河边村房屋（今）

随着河边项目一步步推进，村民们在原有的传统产业基础上，不仅嫁接了新型的客房服务产业，而且还激发了自己的主观能动性，获得了新的创收途径。

典型故事——邓林强家脱贫致富路

村民邓林强是3个孩子的爸爸。2015年时，最大的女儿7岁，刚上一年级。尽管邓林强夫妇干活勤快，但一年到头也攒不到钱。邓林强无奈地表示，"小孩每周上学要30块生活费，我有时真的1分钱都拿不出来"。2017年12月，邓林强家"瑶族妈妈的客房"建成后迎来入住的客人，当月就得到近3000元的收入。邓林强很高兴客房为家庭带来了收入，但更令他骄傲的是来自客人的肯定。他是个木工手艺很好的人，客房的桌椅和隔断都是他一点一点打磨制作出来的，聊起客房他便十分兴奋："客人说家具弄得很好看，我就特别开心。"客房建成以后，主要由妻子来打理，邓林强在建设自家房子的过程中已经掌握了干栏式木房的建设工艺，他很快在村里组建了1支建筑工队，为别村修房子。

2018年，邓林强家的客房创收约13000元，而他短期务工的收入也达到了近20000元。有了现金收入以后，邓林强买了1套烤酒工具，利用闲暇时间研究烤酒技艺，经过1年的探索，如今他烤的玉米酒很受村民欢迎，常常供不应求。现在虽然他的两个女儿都上了小学，小儿子在村内的儿童活动中心接受早教，但比起4年前只有1个孩子上学的时候，他却感觉轻松许多。"光头强（小儿子）现在能写很多个字的时候，背很多古诗了，我都不会。"说起小儿子，邓林强脸上总是挂着灿亮的笑。

第二章　从中央到地方：一张蓝图绘到底

河边村客房内部（今）

第二，为57套"瑶族妈妈的客房"建设标准卫生间等现代化内置设施及"瑶族妈妈的厨房"，保证生活卫生与饮食安全。河边村曾是一个没有厕所，也没有厨房的村庄。"茅草很高，我们就在草堆里上厕所啊，哈哈。以前在屋里烧柴火，有人就把房子烧没了。"村民回忆起几年前的生活，自己都忍俊不禁。为了全面改造住房，李小云助贫团队将建设现代化厕所与厨房作为重点推进，如今每家每户都拥有至少1间标准卫生间，大部分农户完成了卫生厨房的建设。配合客房项目，5家农户办起了村内餐厅，为客人提供餐饮服务，截至2019年6月，5家餐厅总收入已达28万元。

第三，建设"河边论坛"会议室及新业态产业辅助设施。为了打造会议型经济，河边村建成一间 90 多平方米的会议室用于举办"河边论坛"，目前已承接国务院扶贫开发领导小组扶贫研讨会、"东盟 +3 村官交流项目"等近 10 个国内、国际会议，同时也服务于公益旅游活动和自然教育课堂。此外，村民黄志成和黄成文兄弟俩在李小云助贫团队的协助下，在村内运营起小酒吧和便利店，既丰富了客人的居住体验，也为全体村民的日常生活提供了便利。

（二）开发服务于新业态产业的基础设施和复合型产业体系

河边村将政府用于改善村内公共设施的投入转变成服务于新业态产业的基础设施投入，从而实现将普通的"输血式"扶贫转变成真正意义上的"造血式"扶贫。结合政府的扶贫资源投入，实现 8 公里进村路硬化与村内 3 公里路面全面硬化，建设公共卫生间，设置村道路灯，实现 4G 网络全覆盖以及 WIFI 入户，还建设了停车场、篮球场、村内公房等公共设施，服务于新业态产业，丰富村民的娱乐生活。

与此同时，在传统产业的基础上，将河边雨林鸡蛋、冬瓜猪、柚子、木瓜、芭蕉、蜂蜜、中药材以及冬季蔬菜和瑶族文化产品等打造成为辅助性的产业，一方面形成产业收入叠加，另一方面有效应对市场风险，形成集新业态的主导性产业与特色农产品的辅助性产业、传统种植业的基础性产业于一体的复合型产业体系。具体做法有：其一，鼓励农民利用其房前屋后的坡地发展木瓜、柚子等水果，冬季蔬菜以及中草药种植

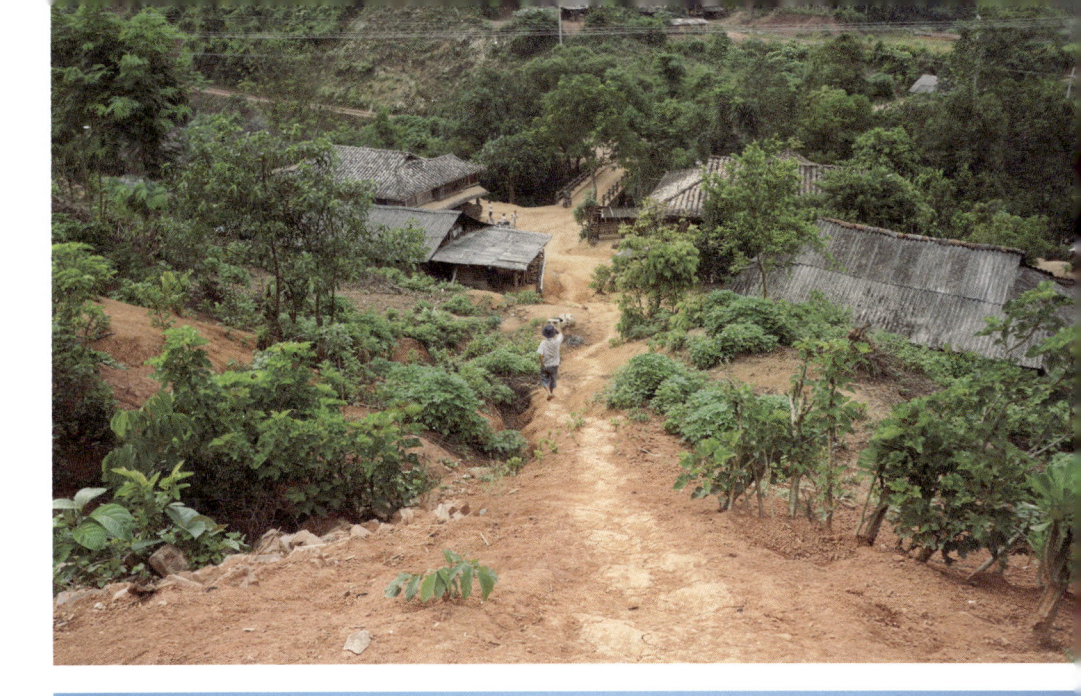

① 河边村村道（昔）
② 河边村村道（今）

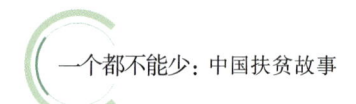

等辅助性产业；其二，建设3座共116格的集体猪舍，为57户农户每户提供2个卫生猪舍，以提升基础性产业整治效果；其三，支持2户农户进行规模化养鸡，3户投入蜂蜜养殖，2户进行养猪示范，2户进行南瓜种植示范，1户专业种植中草药等。

（三）促进村庄内生治理能力建设

促进以农民为主体，以乡村自我发展、自我建设为核心的自主发展能力建设。"河边实验"利用现有的正式和非正式的组织资源，将发展能力嵌入已有的治理体系中，通过建立"河边发展工作队"和"河边青年创业小组"等形式，在前期村庄改造和建设阶段动员村内劳动力资源，充分发挥农民的主体作用。在"瑶族妈妈的客房"建成投入运营阶段，又成立"雨林瑶家专业合作社"，培育村内管理团队，将"瑶族妈妈的客房"为主的新业态产业交由村内管理团队统筹管理，逐步提升河边村内生的发展和治理能力。

2019年1月23日，在中国农业大学师生、小云助贫中心的工作人员、中央电视台的记者，还有村内男女老少的共同见证下，河边村的雨林瑶家专业合作社宣布成立，标志着村民自主管理"瑶族妈妈的客房"产业的开始。村民尹文刚作为合作社管理团队的成员代表，在会上发言。他说："我们到了'断奶'的时候了，不能再依赖李老师和小云团队了，我们要学会自己'走路'。"话音刚落，全场报以热烈掌声。

合作社成立以后，李小云助贫团队退居幕后，为合作社管理团队提供技术支持和决策建议。在李小云助贫团队的协调下，合作社管理成员先后到山西、浙江等地的新农村进行考察学习，接受每周两次的计算机办公软件操作培训，李小云教授坚持经常回村与管理团队商讨产业发展事宜。合作社成立不到半年，管理团队已经能够独立处理客房分配、服务管理、财务报账等事宜，总经理周志学与财务主管李进两位年轻人已经能熟练操作相关的计算机办公系统。

（四）阻断贫困的代际传递，培育乡村振兴接班人

"河边实验"将"软能力建设"作为深度性贫困综合治理的重要内容之一。在村内建设儿童活动中心，通过志愿者支持和村内师资培育实施学龄前儿童教育计划，努力通过改善学龄前儿童的营养、卫生和行为习惯阻断贫困的代际传承。

2018年9月，儿童活动中心迎来第一批孩子，半年多过去，孩子们的进步村民们有目共睹。村支书常对前来参观的人说："才几个月，这些小娃都比我会说普通话了！"目前村内所有学龄前儿童都能免费接收早期教育，活动中心开设习字、故事、唐诗、绘画、舞蹈、礼仪和算术等课程，5岁的孩子至少能朗诵20首唐诗，做到自主绘画和看图说故事。2019年5月，他们还在第8届"东盟+3村官交流项目"期间，为来宾们献上舞蹈《感恩的心》。

早期教育初见成效令人振奋。深度贫困的村庄要实现脱贫致富最终要靠人的进步，而学习能力最强、进步最快的无疑是这些未经雕琢的孩

子，只有他们具备良好的自我发展素质，村庄才有可持续发展的希望，乡村振兴才能有后续力量。

三、大扶贫破解"扶贫最后一公里难题"

"河边实验"成功探索了公益助贫、多方参与的模式和方式。主要经验与体会如下：

第一，要形成"党委领导、政府主导、大学及公益组织深度参与、以贫困农民为主体"的大扶贫模式。在"河边实验"中，大学和公益组织在党委和政府的支持下深入贫困村庄，识别致贫原因，并用参与式的方式与村民共同设计出脱贫方案。这套脱贫方案主要建立在政府提供的扶贫资源基础上，包括基础设施的投入、危房改造的投入以及各类扶贫政策的协调整合等，并在整合各类资源后将其转化为真正可持续创收的新业态资产。整个扶贫过程综合利用了河边村原有的地理、自然、文化优势，并以农民为主要行动者来开展各类建设和产业活动，通过加强村民对接现代产业的能力，最终使农民成为真正的经营者。

第二，要通过培育新业态产业将精准扶贫与乡村振兴有机衔接。"河边实验"围绕"嵌入式客房 + 会议经济"这种新业态，一方面将政府用于改善村内公共设施的投入转变成服务于新业态产业的基础设施投入，实现将普通的"输血式"扶贫转变成真正意义上的"造血式"扶贫；另一方面，在传统种植产业的基础上，将生产地方特色农副产品打造为辅助性产业，形成产业收入叠加，抵御市场风险。这种复合型产业体系，既可以凸显地方文化特色的优势，与外部市场对接形成可持续收入来源，也充分利用了当地非外出务工的劳动力，是一种因地制宜、因势利导的扶贫方式。

第三，大学和公益组织可以在解决扶贫"最后一公里"问题上发挥独特作用。在"河边实验"推进过程中，李小云老师率领的中国农业大学教职工团队以及小云助贫中心等公益组织，在扶贫方案设计、各类扶贫资源整合以及培育村民自主管理和发展能力上，起到了"四两拨千斤"的作用。事实证明，深度性贫困村庄或社区仅有资金和政策的支持并不足以脱贫，还需要有一支"住得下来"的专业队伍，能够持续地给予技术以及能力建设上的精准支持。

目前"河边实验"的扶贫模式已被因地制宜地应用到湖北恩施、云南楚雄等地。不少前来参观的东南亚友人也纷纷表示"要将河边村的发展经验带回国内"。

一个都不能少：中国扶贫故事

科左后旗生态扶贫闯新路
——通过生态保护和生态补偿促进减贫

当前，土地荒漠化已经成为全球面临的严峻挑战。中国作为世界上荒漠化面积最大的国家之一，27%的国土面临荒漠化，4亿多人口深受沙害之苦。科尔沁左翼后旗（简称"科左后旗"）曾是内蒙古自治区重点贫困地区，自然环境恶劣，一度陷入"生态恶化—贫困加重"的恶性循环之中。面对不断加剧的沙漠化趋势，内蒙古科左后旗坚守"发展、生态、民生"3条底线，一方面，利用科技手段提高当地的植被覆盖率，扭转沙漠化趋势，改善生态环境；另一方面，坚持生态建设与脱贫攻坚有机结合，充分开发已改善的生态环境，探索形成林果产业、林下经济、生态补偿、以育代造等脱贫致富新路子，为贫困农牧民创造增收途径，实现了环境保护与摆脱贫困同步。

截至2018年年底，内蒙古科左后旗建档立卡贫困人口由2014年的13065户34261人降至目前的1375户3976人。5年时间减贫

11690 户 30285 人，贫困发生率由 11% 降至 1.23%。在实现生态环境明显改善的同时，促进了贫困农牧民增收，走出了一条生态恶劣地区"拔穷根"的精准扶贫、精准脱贫之路。

一、荒漠变绿洲

科左后旗位于内蒙古自治区通辽市东南部，地处东经 121°30′—123°42′、北纬 42°40′—43°42′ 之间。该旗地处中国面积最大的沙地——科尔沁沙地腹地，生态环境较为恶劣，贫困发生面较大，是国家扶贫开发重点县。科左后旗境内以沙丘、沙地为主要地貌类型。20 世纪 70—90 年代，区域内土地 80% 沙化，生态体系严重失衡。全旗沙化土地面积 1695 万亩，大片牧场沙化、草甸地盐碱化，森林覆盖率仅 5.1%，每亩农田粮食产量远低于全国平均水平。为了扭转生态继续恶化趋势，改善农牧民生产生活条件，提高贫困人口收入，科左后旗在"生态优先、绿色发展"的发展思想引领下，组织干部群众治理沙漠，极大地改善了当地的生态环境，使曾经的荒漠变为绿洲，提高了贫困农牧民的收入，实现了生态保护与经济发展的"双赢"。

二、以生态修复带动脱贫攻坚

在巨大的生态压力和民生压力面前，科左后旗尝试探索"双赢"的发展之路：既要让沙地变绿，更要让群众增收。从 2014 年开始，科左后旗先后实施了多项措施改善本地生态环境，提升贫困农牧民收入。主要措施如下：一是多种方式提高植被覆盖率，改善土地土壤条件，进而改善整个地区的生态环境和自然条件；二是充分动员群众参与，扩大贫困人口在治沙过程中的参与度，将治沙种树作为帮助贫困人口提升收入的一个重要途径；三是自然条件好转后，有计划地依托自然资源和禀赋，培育主导产业。

经过多年治沙，科左后旗的沙漠化趋势得到了有效遏制，贫困农牧民的生产生活条件也获得大幅度改善。

（一）遏制土地荒漠化，实现人进沙退

土地荒漠化是科左后旗面临的主要威胁，也是当地经济社会发展的最主要瓶颈。为此，科左后旗采取了一系列措施来扭转土地荒漠化趋势：

第一，恢复林草植被，形成稳定的生态群落。以国家三北防护林、科尔沁沙地"双千万亩"综合治理、通辽市城郊百万亩森林、东部百万亩现代农业示范区、金宝屯镇万亩榛子经济林基地等项目建设为依托，坚持"两结合、两为主"（乔灌草相结合、以灌草为主，造封飞相结合、

以封造为主）的治理方针，积极植树造林：根据不同的土地条件，人工种植樟子松、杨树等人工林，在不易进行人工造林的宜林荒山荒沙区域实施飞机播撒林草种子，由其自然生长。近年来已累计完成沙地综合治理410万亩，全旗林业用地达到590万亩，森林覆盖率达到22%，较2002年的11.24%提高了10.76个百分点，土地沙化退化现象得到有效遏制，林草植被迅速恢复，降低了旱涝风沙盐碱等自然灾害对农牧业的影响。在农田林网保护地区，农作物增产15%—30%，农牧民增收效益明显。

第二，封山育林，恢复植被。坚持尊重自然、顺应自然、保护自然的发展理念，根据不同土地条件，统筹规划，分类施策。在草牧场和天然林破坏严重区域实行封禁保护，对沙化严重耕地实施退耕还林，在平缓沙地、坡地栽植乔木防护林、植灌木或牧草，形成植被恢复带，让退化草牧场和天然林自然恢复。在牧区实施退牧还草、全域全年全时禁牧，引导农牧民转变经营方式。同时通过种植优质牧草等措施增加饲草供应，使生态系统修复与畜牧业发展相结合，实现可持续发展。2014年以来，全旗累计围封沙化草牧场100万亩，实施退牧还草工程29万亩，种植紫花苜蓿6万亩。推行禁牧舍饲，在低植被、退化沙化草牧场地区，实施封山育林，实行重点区域全年禁牧，全面推广家畜舍饲圈养，减轻草原承载压力。自2014年以来，年均发放草原奖补资金8916.25万元，累计发放35665万元。

第三，加强自然保护，涵养生态系统。在沙漠原始森林生态系统、湿地草原生态系统集中地区设立自然保护区，让珍稀濒危野生动植物和典型的生态系统得到有效保护。全旗共设立旗级以上森林、草原、湿地生态系统自然保护区17处，总面积203万亩，占全旗总面积的11.8%。如今，90%以上的珍稀濒危野生动植物和典型的生态系统得到有效保护，物种总数增加到709种。

（二）将生态建设过程变成脱贫增收过程

为充分动员群众，扩大贫困人口在治沙过程中的参与度，实现贫困人口通过治沙提升收入，科左后旗充分发挥现有沙地中蕴藏的经济潜力，采取系列有效措施增加贫困农牧民收入：

第一，吸纳贫困农牧民进入造林企业务工或直接参与苗木起运、抚育管理等工作，通过以工代赈的方式增加贫困农户的经济收益。

第二，由林业部门提供苗木和技术指导，让贫困农牧民参加林木育苗行动，在降低政府外调苗木支出的同时增加贫困农牧民收入。据统计，从事育苗的贫困农牧民年人均增收1227元。通过吸纳贫困农牧民进入造林企业务工或参与苗木起运、树木栽植、抚育管理等工作，2134名沙区农牧民实现年人均增收6161元，410名贫困人口作为生态护林员获得稳定收益，年人均收益10265元。

第三，在保证植被覆盖率持续提升的前提下，对合适林木进行加工利用，增加就业岗位，提高贫困农牧民收入。

第四，推动土地流转，在提高环境治理效率的同时实现规模效益。组织动员农牧民将严重沙化土地协议流转给国有林场和苗圃，统一进行苗木培育、造林绿化，共流转造林土地2.58万亩，按照流转每亩土地给予农牧民30.8元计算，2452名农牧民年人均增收324元。

（三）培育主导产业，实现可持续发展

科左后旗在持续改善生态环境的同时，也积极依托地方特色和优势培育主导产业，为贫困农牧民持续增收奠定基础。

科左后旗培育的主导产业包括5类：1.肉牛产业。通过实施退耕还林还草、建设饲草料基地发展肉牛产业，形成了集养殖、屠宰、加工、销售于一体的全产业链。2.经济林果产业。建成以大果榛子为主的果树基地3万亩、五角枫木本油料基地3万亩、林板一体化基地7万亩，创造产值2000万元以上。3.蒙中药材产业。针对沙地适合蒙中药材生长的实际，建设了50万亩蒙中草药材种植采收基地。4.生态旅游业。依托传统村落、民居，发展美丽乡村旅游，带动贫困群众增收。以大青沟自然保护区为龙头，同步建设阿古拉、乌旦塔拉、草甘沙漠等旅游景区，成功举办"'一带一路'敖包相会""乌旦塔拉·国际枫叶节""草甘沙漠文化旅游节"等大型节庆活动，2018年共接待游客145万人次，实现旅游综合收入12.8亿元。5.沙地光伏业。通过实施地面集中式光伏扶贫项目和村级光伏电站项目，使受益贫困户年增收3000元左右。

如今，全旗每个贫困村都有自己的扶贫产业，既有黄牛养殖、民族刺绣等传统产业，也有种养一体化的现代产业。这些产业对农民技能要求不高，简单培训后就能上岗，可复制性较强，有力地促进了当地贫困

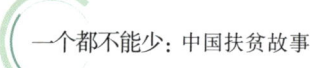

农牧民的增产增收。

人物故事——白文军拍摄微电影带动大扶贫

2016年,科左后旗民族宗教事务局委派年轻干部白文军赴敖特根嘎查村开展驻村扶贫工作。为了让农户准确了解精准扶贫政策,更加直观地学习脱贫技能,白文军根据自己2016—2018年在后旗敖特根嘎查村驻村扶贫期间的所见所闻,活灵活现地创作了一系列以脱贫攻坚、移风易俗等为主题的微电影19部。

2016年11月,在驻村扶贫半年后,白文军将工作中遇到的贫困户存在"等靠要"思想、产业扶贫不被牧民接受等情况进行提炼融合,创作出第一个扶贫主题的微电影剧本《天冷了,注意保暖》。剧本讲述了敖特根嘎查村牧民阿木尔在精准扶贫工作中通过干部帮扶和亲友激励,从不喜欢劳动的著名"懒汉"转变成脱贫致富典型人物的故事。虽然电影的主角"阿木尔"并非真实人物,但村民们都认为"阿木尔"这个从懒惰变勤劳的故事原型很真实。白文军拍摄制作的系列扶贫微电影,因为生动形象接地气,深受当地牧民的欢迎。随着扶贫系列微电影的广泛传播,"阿木尔"这个名字在当地已是家喻户晓,在牧民中发挥了积极的教育启示和激励作用,原来懒惰不干活的贫困户都开始变得勤快了,贫困群众参与脱贫攻坚发展扶贫产业的积极性更高了。

三、生态扶贫启示深刻,经验惠及世界

生态脆弱地区往往面临着环境保护与资源开发的两难选择,这已经

成为许多地区摆脱贫困的重要障碍。科左后旗生态扶贫取得成功，得益于先进的理念、系统的措施和坚强的领导等。主要经验与体会如下：

第一，生态建设与经济发展并非对立的关系，而是完全可以兼顾的。近10年来，科左后旗将脱贫攻坚与生态建设有机结合起来，形成生态效益与经济效益的良性互动，不仅实现了沙退人进和绿洲重现，使当地贫困群众的生产、生活条件明显改善，还解决了数万农牧民的生计改善和增产增收问题，大幅度降低了贫困发生率。这一成功实践生动诠释了习近平总书记关于"我们既要绿水青山，也要金山银山""绿水青山就是金山银山"的生态文明思想和科学发展理念。

第二，科左后旗生态扶贫成功的核心在于因势利导、科学规划，关键在于众志成城。利用生态技术治理环境，提高植被覆盖率，改善土地土壤条件，扭转沙漠化趋势。结合当地资源禀赋优势，有计划地开发自然资源、培育主导产业，为贫困农牧民持续增收奠定基础。扩大贫困人口在治沙过程中的参与程度，使贫困农牧民可以通过治沙增加收入。通过激励引导，不断增强贫困群众在参与中的主体感、获得感。

第三，生态扶贫要有坚强有力的领导核心。生态扶贫是一项高难度、综合复杂的攻坚工程。科左后旗生态扶贫在相关论证、规划、组织、实施及巩固维护等方面，各级党组织发挥了核心领导作用。只有在党和人民的共同努力与坚持下，通过及时落实党委、政府的正确决策，广泛动员社会力量参与，加上广大干部和人民群众不畏艰辛、攻坚克难的长期艰苦奋斗，才能达到"绿了沙漠、美了家园、富了百姓"的目标，才能创造出"日月换新天"的新面貌，最终实现把绿水青山变成金山银山的愿景。

科左后旗的生态扶贫不仅是中国扶贫开发与生态环境治理相结合的一个成功实践，也为世界提供了中国经验。2019年5月，在意大利罗马举行的2019全球减贫伙伴研讨会宣布了"全球减贫案例征集活动"的110个最佳案例，并公布了第一批24个入选案例，科左后旗"生态修复促扶贫"模式入选首批全球最佳案例。

兰考县三年脱贫的秘诀

——"焦裕禄精神"+"四面红旗"

河南省开封市兰考县坐落于黄河之滨,位于九曲黄河最后一道弯,人民长年饱受风沙、盐碱、内涝"三害"之患,生活艰难困苦。1962年,焦裕禄同志担任兰考县委书记,带领群众干部治理"三害",他"亲民爱民、艰苦奋斗、科学求实、迎难而上、无私奉献"的精神鼓舞了一代代党员干部。习近平总书记先后于2009年和2014年莅临兰考深入指导脱贫攻坚工作。2014年,兰考县委向总书记作出"三年脱贫、七年小康"的庄严承诺。

近年来,兰考县党员干部以焦裕禄同志为榜样,以习近平总书记调研兰考时提出的"把强县和富民统一起来,把改革和发展结合起来,把城镇和乡村贯通起来"指示为引领,以脱贫攻坚统揽经济社会发展全局,高举"脱贫攻坚、基层党建、产业发展、美丽村庄"四面红旗。2017年,经考核,兰考县在河南省率先脱贫。截至2018年年底,兰考县共脱贫7万余人,剩余未脱贫人口为2628户5774人,综合测算贫困发生率

为 0.74%，城乡居民人均可支配收入分别为 25029 元和 11910 元，同比分别增长 8.5% 和 9.2%。作为焦裕禄精神发源地与国家扶贫开发工作重点县，兰考县开创了独具特色的强县富民之路。

一、黄河故道上焦裕禄精神的起源地

兰考县下辖 13 个乡镇、3 个街道、454 个行政村（社区），总面积 1116 平方公里，总人口 85 万。2002 年，兰考县被确定为国家级扶贫开发工作重点县（简称"国定贫困县"），2014 年建档立卡时，全县有贫困村 115 个，贫困人口 23275 户 77350 人，贫困发生率 10%。

作为"躺在黄河故道上的地方"，兰考县数百年来饱受风沙、盐碱、内涝等灾害之苦。农民辛辛苦苦种的庄稼常年几乎颗粒不收，被迫背井离乡讨生活。在 20 世纪 60 年代灾情最严峻的时候，焦裕禄书记来到乡亲们身边，他以"革命者要在困难面前逞英雄"的坚韧精神，奔走在救灾抗灾的第一线。虽然身患慢性肝病，焦裕禄书记仍坚持亲自实地调研探求治灾办法。在兰考的 475 天里，他越过风沙山丘，蹚过暴雨洪水，一双铁脚板走遍兰考 120 多个生产大队，行程 5000 余里，基本摸清了灾害肆虐的规律。他带领群众挖出淤泥压沙丘，广栽泡桐挡风沙，通过"贴膏药""扎针"方式，找到了根治"三害"的方法。由于长期劳累与耽误治疗，焦裕禄书记肝病恶化，于 1964 年不幸逝世。

毛泽东主席曾赞扬焦裕禄同志："为人民而死，虽死犹荣。"焦裕禄同志的公仆情怀、实干精神、高尚情操在全国人民中广为流传。习近平总书记高度评价焦裕禄同志，称他是县委书记和全党的榜样："无论过去、现在还是将来，都永远是亿万人们心中一座永不磨灭的丰碑，永远是鼓舞我们艰苦奋斗、执政为民的强大思想动力，永远是激励我们求真务实、开拓进取的宝贵精神财富，永远不会过时。"[1]

焦裕禄同志在兰考留下的照片

---

[1]《习近平：结合新的实际大力弘扬焦裕禄精神》，人民网，2009年05月18日，http://politics.people.com.cn/GB/1024/9318489.html。

5年内3次莅临兰考，习近平总书记对兰考脱贫寄予殷切期望；"三年脱贫、七年小康"，兰考县委立下打赢脱贫攻坚战的军令状；实干苦干、巧干精干，党员干部夙兴夜寐，只为使群众拔除穷根。兰考县高举"四面红旗"，不断创新，成为脱贫攻坚战中的模范先锋。

焦裕禄书记当年带领群众种下的泡桐树已经蔚然成林，犹如焦裕禄精神始终庇荫兰考迎难而上。如今的兰考，早已褪去了"三害"肆虐的阴霾，走向了产业兴盛、人民富强的康庄大道。

二、树立榜样精神与"四面红旗"

（一）明确脱贫攻坚主线，用新时代焦裕禄精神密切党群干群关系

脱贫攻坚不单是贫困地区摆脱贫困、走向小康的根本路径，更是通过脱贫攻坚锤炼干部队伍、密切党群干群关系，实现"两个一百年"奋斗目标的战略举措。兰考县委坚定不移以脱贫攻坚统揽经济社会发展全局，大力弘扬焦裕禄同志"心中装着全体人民、唯独没有他自己"的公仆精神。通过建立亲民爱民型政府，拉近干部与群众之间的距离，为兰考县全面打赢脱贫攻坚战奠定坚实的群众基础。

塑造榜样模范，建立激励机制。在干部层面，持续开展"学习弘扬焦裕禄精神，争做党和人民满意的好干部""稳定脱贫奔小康工作标兵"

评选，以模范典型激励争先行动。在群众层面，通过开展评比积分奖励政策，激发群众脱贫致富的内生动力。兰考县形成了"领导带头干，干部比着干，群众跟着干"的有利局面。

强化"两不愁三保障"措施，提高公共服务水平。在教育扶贫方面，县扶贫办和县教体局把建档立卡等家庭经济困难学生作为控辍保学重点，确保义务教育入学率达到100%。在健康扶贫方面，落实基本医保、大病保险、大病补充保险和政府医疗救助政策，全面普及健康科普知识，确保不因病致贫返贫。在住房保障方面，将农村危房清零与人居环境改善工作有机结合，持续推进"两清、两改"工作（无人居住的危房要清、子女有安全住房而自己仍住的危房要清，对符合危房改造政策的C级、D级危房要积极改造）。此外，兰考县领导每年集中3个月、每周至少住村1夜，走访贫困户，召开群众座谈会，研究存在的问题。为解决县一级普遍存在的土地征用、房屋拆迁等矛盾问题，兰考县将信访、司法、公安等部门资源整合为县乡级社情民意服务平台，实行全日坐班服务制度，把群众"有事找政府"落在实处。

（二）完善基层党建，为基层治理锻造有力干部队伍

焦裕禄同志说过，"干部不领，水牛掉井"。兰考县以集成党建促进有效治理，为脱贫攻坚领导队伍不断注入有生力量。通过严格落实"市县抓落实"的工作要求，强化"书记县长负总责，四大班子齐上阵"的工作机制，加强村级党组织建设，把优秀年轻干部充实到农业农村一线，

培养造就一支素质优、作风硬的干部队伍。

加强基础党组织建设。乡村是最基本的单元,是国家治理体系的"神经末梢"与坚实基础。习近平总书记强调,干好农村的事,必须筑强基层战斗堡垒。兰考县探索稳定脱贫的组织架构与新型帮扶模式,对县直和乡镇机关单位党支部进行优化调整,选派958名优秀干部组建454个稳定脱贫奔小康工作队,与454个行政村结成对子,相互支持,共同发展。

建设过硬村级组织,提升领导班子强县富民能力。在实践中淘汰不称职的干部,从致富能手、返乡创业人员、退役军人中的优秀人才中培养村级干部后备力量,培养选拔一批优秀年轻党员担任村党支部书记。兰考县村两委班子在经过小班培训和外出参观实习后,制订了22项帮扶措施以激活集体经济发展,取得显著成效,其中村集体收入最多达到500余万元,极大提升了村级组织带领群众致富能力。

(三)完善产业发展体系,将强县和富民相统一

产业和就业是提升贫困群众收入水平、取得脱贫成效最有效、最直接的方式。兰考县以产业兴县,形成了"龙头企业做两端,农民兄弟干中间,普惠金融惠全链"的产业带贫模式。通过积极引进行业龙头企业,发挥企业品牌塑造和市场销售优势,带动农民群众就业与创业热情,政府配套提供形式多样、成本较低、方便快捷的金融服务,使群众发展产业有资金保障。

第二章 从中央到地方：一张蓝图绘到底

重点培育发展特色扶贫产业。以种植花生、红薯、苗木及养羊等龙头产业带动自主发展型产业，鼓励种植瓜菜、制作乐器、培育经济林、生产食用菌等能人带动自主创业型产业。在政府优惠土地政策支持下，甜瓜绿色技术企业落户兰考。云瓜园企业在此建立了77个瓜果大棚，其中30余个承包给农户种植，并直接雇佣当地贫困户劳动力，形成了"龙头企业＋合作社＋建档立卡户"的扶贫模式。大棚全程采用绿色技术，实现优质瓜果高产广销，实实在在地提升了农民家庭收入水平。

兰考蜜瓜成为农民发家致富的新产业

葡萄架乡杜寨村连片的蜜瓜大棚

当年焦裕禄书记带领群众种下的泡桐树不仅防风固沙，也是村民发家致富的宝贝。兰考的桐木质量上乘，所制作的风箱在国内外市场均享有美名。兰考县徐场村民族乐器产业吸引了越来越多的人返乡创业，形成"创业+就业"模式，其中有7户贫困户通过学习创业成为老板。目前，徐场村有82个家庭式作坊，从业人员达900余人，其中包括建档立卡贫困户62户253人。徐场村逐渐从生产乐器音板等配件发展成为拥有民族乐器产业链的专业村，年产值达到1.2亿元。此外，徐场村还积极打造"产业+旅游"模式，每年接待音乐爱好者与旅游团体10万余人次，带动了42名贫困户就业，年人均收入4万元。

兰考县立足本地产业发展优势，着力构建产业体系，提升产品附加值，推动一二三产业融合发展，将脱贫攻坚与乡村振兴有效衔接起来，把改革和发展有机结合起来，夯实了强县和富民基础。

（四）建设美丽村庄，形成城镇和乡村相互促进的双引擎

促进城乡融合发展是兰考县实现长效脱贫、全面富县的基础战略。通过推进以中心城区为核心、以特色小镇为重点、以美丽乡村为支点的新型城镇体系建设，提升了城乡互补水平与发展后劲，兰考县城乡面貌焕然一新。

在改造人居环境中，按照"绿、亮、净、美、畅"标准，推动农村卫生环境建设。通过发动各村实施"5分钱工程"（农村群众自愿每人每天缴纳5分钱用于村内卫生清洁），大力开展"清洁家园"行动，积极推进垃圾、生活污水整治，乡村生态和环境明显改观。此外，政府还统筹规划了造林绿化、水利建设、道路修缮等工程，为城乡贯通扫除障碍。

在乡风文明建设中，着力于根除农村陋习，培养文明品德。在乡村开展"新乡贤""好媳妇"等模范评选活动，消除红白事大操大办、铺张浪费等陋习，以新乡贤文化推动乡村文明跃升，消除懒人思想，增强群众自我提升的主人翁意识。

兰考县设有31座爱心美德公益超市，经营食品、衣物、书本等各类生活用品，由爱心企业与爱心人士捐助，并通过线上平台为困难群众有针对性地征集物资，形成线上线下互动优势。建档立卡的贫困户可利用每月发放的积分到超市兑换生活用品，人居环境改造户每周通过卫生

村民在乡村图书室里阅读，打通公共文化服务"最后一公里"

评分可以领取积分。扶贫工作队还根据村民品行评选"德孝之星"等好人好事模范，受嘉奖者也可以获得积分兑换生活用品。截至2019年5月，仅谷营镇爱心超市一家已经收到价值30余万元的捐赠商品，发放物品11600余件，惠及群众275户432人。通过精准帮扶与积分奖励制度，爱心超市促进贫困户主动改善环境，实现了扶贫又扶志的双重功效。

典型故事——张庄村的脱贫与乡风文明建设

作为黄河边最大的风口所在地，张庄村的卫生条件与发展水平曾经长期滞后。2014年，习近平总书记来到村民家中，与村干部和乡亲们座谈，鼓励大家努力奔小康。在县委、县政府的大力支持下，张庄村大力发展乡村旅游和电商企业，乡容村貌焕然一新。12户贫困户参与开办农家乐,年人均增收4000元。村委每周举行"幸福家园"大讲堂活动,聘请先进模范人物与文化专家,对村民进行传统文化教育,还组织群众开展丰富多彩的娱乐活动,丰富群众文化生活。

三、新时代的兰考榜样

风沙、盐碱、内涝,这片土地的发展曾经在数百年的伤痛中踯躅不前。泡桐、沟渠、粮田,20世纪焦裕禄书记奔波奋战留下的宝贵财富,掀开了兰考发展历史崭新的一页。产业、安居、希望,这是打赢脱贫攻坚战后,兰考县展示给世人的自信名片。

在脱贫攻坚战中,兰考县不仅让群众走上富裕路,提高了生活质量,更通过发扬新时代的榜样精神,锻造了有力的领导队伍,振兴了产业格局,改善了乡村面貌,为全面小康和乡村振兴奠定了坚实基础。主要经验与体会如下:

第一,要发挥榜样作用,用先进人物精神鼓舞干部群众。全面打赢脱贫攻坚战需要各级干部艰苦实干,还需要激发贫困人口的内生动力。兰考县大力弘扬的焦裕禄同志"亲民爱民、艰苦奋斗、科学求实、迎难而上、无私奉献"的精神,鼓舞了兰考后人攻坚克难,拔除穷根。扶贫先扶志,是兰考县得以在三年内实现脱贫的法宝。

第二,要完善基层党建,发挥党组织的战斗堡垒作用。在脱贫攻坚中,兰考县探索健全了乡村治理体系,从抓关键、筑基础、促激励、严问责四个方面铸造了乡村党组织和干部工作能力,在脱贫攻坚中培养了一批得力人才。通过健全自治、法治、德治相结合的乡村治理体系,打造了务实高效的基层组织。

第三,要盘活经济格局,以产业振兴实现强县富民。产业发展带动贫困人口就业,化资源为财富,是脱贫的基础。兰考县以招大引强的方式,在县乡引进品牌企业,促进一二三产业融合发展,盘活了经济发展格局,从而为实现脱贫到建设小康社会提供了长效保障。

第四,要建设乡风文明,实现城镇和乡村贯通互补。促进城乡融合发展,是兰考县实现长效脱贫、全面富县的基础工作。通过改善乡村环境,发展乡风文明,促进城乡公共文化服务一体化建设,老百姓素质显著提高,幸福感明显增强,脱贫致富与乡村振兴得到有效连接。

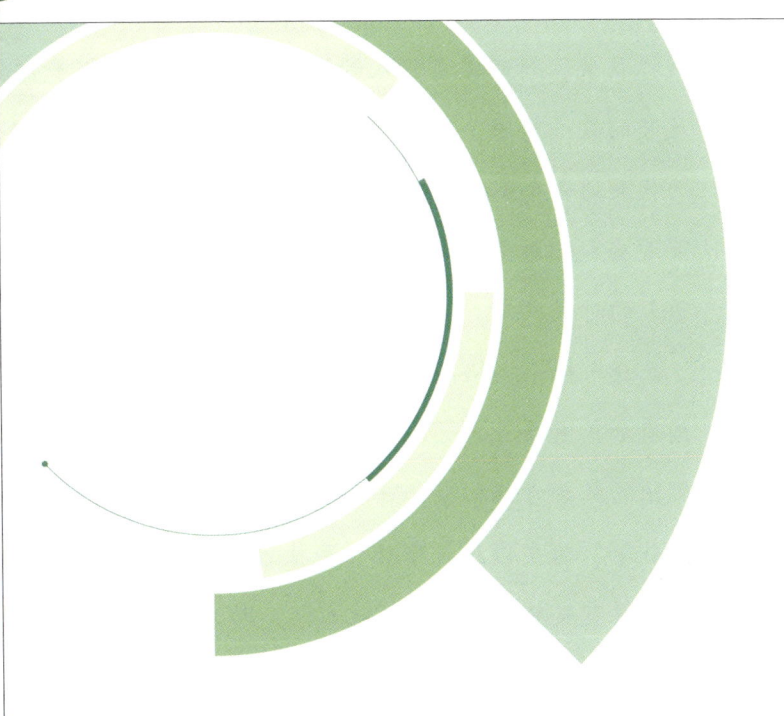

第三章 从个人到企业：
扶贫开出"新处方"

习近平总书记指出，脱贫致富不仅仅是贫困地区的事，也是全社会的事。在各方力量的支持下，我国形成了专项扶贫、行业扶贫、社会扶贫"三位一体"的大扶贫格局，开创了中国特色扶贫开发道路。在中央的方针路线指导下，共产党员发挥先锋模范作用，第一书记下一线抓扶贫，村两委负责人带领村民致富，将基层党组织打造成为脱贫攻坚的战斗堡垒。以"拼命三郎"高珊珊、"彝族好干部"罗雅宏等为代表的青年干部，展现了第一书记为人民服务的情怀。"当代女愚公"邓迎香、"沂蒙精神"的楷模刘加芹等展示了扶贫路上的妇女能顶半边天的时代风采。

众人拾柴火焰高。在新的扶贫形势下，社会各界勠力同心齐合作，国有和民营企业敢于创新勇担当，形成了打赢脱贫攻坚的合力。恒大集团的社会责任担当，百年职校的教育扶贫，阿里巴巴的"互联网+"扶贫等，为中国扶贫事业、帮扶方式转变开出了"新处方"，为贫困地区脱贫发展"输血""造血"，助力形成可持续的反贫困机制。

第三章 从个人到企业：扶贫开出"新处方"

带领彝族山村脱贫的好书记

——"加减乘除法"为凉山发展"造血"

四川省凉山彝族自治州是中国最贫困的地区之一，这里世代聚居着彝族百姓，在新中国成立后实现了从奴隶社会向社会主义社会"一步跨千年"的巨大变迁。但由于地理与经济条件限制，村民面临物质贫困、资源贫困、思想贫困等多重挑战。2015 年，彝族党员罗雅宏来到凉山彝族自治州昭觉县谷莫村担任第一书记，带领干部群众走出了一条多措并举的脱贫路。

在罗雅宏的带领下，2016 和 2017 年，谷莫村人均年纯收入连续增长 45% 以上，达到了 8700 元。贫困户实现了"一超六有"：人均年纯收入稳定超过国家扶贫标准且吃穿不愁，有义务教育保障、有基本医疗保障、有住房安全保障、有安全饮用水、有生活用电、有广播电视，群众的生活水平实现了历史性跨越。2018 年，谷莫村荣获"2018 中国最美村镇"精准扶贫典范奖，第一书记罗雅宏也先后获得四川省及全国

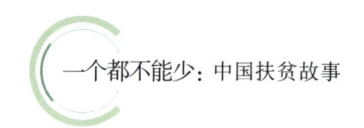

脱贫攻坚创新奖。

一、彝族山村来了第一书记

"第一书记"制度是中国特色扶贫的创新性实践，对加强基层建设、提升社会治理、打赢脱贫攻坚战意义重大。自 2015 年中组部会同中央农办、国务院扶贫办对选派第一书记作出部署以来，至 2018 年年底，全国累计选派第一书记 45.9 万人，在岗 20.6 万人；中央单位 2017 年新轮换的第一书记平均年龄 37 岁，研究生学历占 47.4%。[1] 第一书记在打赢脱贫攻坚战中发挥了重要作用，赢得了群众信赖和社会好评。

1982 年出生的罗雅宏是一名彝族党员，他从小就立志改善家乡百姓生活，2015 年报名成为四川省凉山彝族自治州昭觉县谷莫村的第一书记。

凉山地区高山深谷纵横，交通条件极为落后，严重阻碍了经济社会发展。谷莫村距县城 30 余公里，辖区面积 8.2 平方公里，海拔 1930—2460 米。2015 年，全村共有 151 户 601 人，建档立卡贫困户 30 户 138 人。谷莫村发展严重滞后，居住在这里的彝族村民与外界语言不通，一些村民甚至养成了"等靠要"的懒惰心理。虽然 20 世纪国家曾大力推广扫盲教育，目前谷莫村人均教育年限仍低于全国水平。

---

[1] 《建档立卡贫困村和党组织软弱涣散村全覆盖，全国在岗第一书记逾二十万》，载《大学生村官报》，2018 年 12 月 7 日。

第一书记罗雅宏来到山村后，从破解如何拔除百姓"等靠要"的惰性、如何带领人民发展产业致富、如何帮助大凉山彝族百姓摘下"贫困帽"等棘手难题入手，经过不断实践，带领谷莫村党员干部下足"绣花"功夫，探索出一条"加减乘除"的减贫发展之路。

二、通过"加减乘除"法实现物质精神双脱贫

（一）"加法"：发展产业提高收入

在广袤的凉山里，一个个彝族村寨分散在高山深谷中。罗雅宏到达谷莫村的第一件事，就是摸清每一户的生活情况。他攀山越岭，挨家挨户调查民情，收集解决各类诉求56件。罗书记发现，谷莫村贫困的根源在于缺乏产业，群众没有收入来源。于是，他将增强群众"造血"功能摆在重要位置，结合村情因地制宜摸索出种植业、养殖业和劳务经济助力群众增收致富的"三驾马车"。

一次偶然的机会，罗雅宏接触到凉山州蜂业协会负责人，了解到谷莫村的光热条件十分适合发展蜜蜂养殖产业。为了给村民致富创造机会，罗书记积极争取了5万元养蜂项目启动资金，并在微信公众号和农村电商平台发起蜂蜜预售推广活动，广大爱心人士争相抢购谷莫村的天然蜂蜜，从此开启了谷莫村蜜蜂养殖业规模化发展之路，打开了村民增收的渠道。

除了养蜂，罗雅宏还鼓励村民发展养猪、养鸡和种核桃、马铃薯等特色产业。谷莫村通过采取专业化、集约式的发展模式，成立核桃种植专业合作社，发动群众在荒山荒坡、房前屋后和田间地头规模化种植核桃 7000 余株；采用科技化、品牌式的发展战略，提高马铃薯经济效益，推广种植良种马铃薯 100 亩，实现产值 30 万元以上。罗雅宏积极联系商家，促成爱心人士、企业与谷莫村签署了"以购代捐"合作协议，长期定点收购谷莫村的生猪以及核桃、蜂蜜、马铃薯等绿色生态农产品。仅在 2017 年 7 月，爱心人士和企业"以购代捐"认购寄养了年猪 150 头，农户预计实现收入约 45 万元；同年 8 月，爱心人士购买马铃薯 5 万公斤，使农民增收约 8.5 万元。"以购代捐"既解决了农民产品销售难的问题，又提振了困难群众发展产业、脱贫致富的信心。

为了激发贫困户的积极性，罗雅宏探索实践了"借羊还羊""以奖代补"的农业发展模式。通过成立合作社，由"能人"集中饲养政府"借"给贫困户的羊，羊群很快加倍繁殖，贫困户每家每年增收 2000 元以上。同时，采取"支部 + 协会 + 公司 + 农户"的发展模式，扶持农户散养蜜蜂，实现年产值 10 万元以上。

（二）"减法"：做好保障降低成本

谷莫村位于凉山腹地，地势艰险，道路建设难度极大、成本极高。村里基础设施落后，出行难、通讯难等问题长期制约着村子的发展。罗雅宏书记从小生活在彝区，通过读书得以走出大山，见识了现代化的大城市面貌，立志要消除村民生活的阻碍，带领更多彝族同胞走出去。驻村之后，他和领导班子积极引进各类帮扶资金 900 余万元，调动村民积极性，新修 1.9 公里硬化公路、3 公里硬化通社路，改建产业道路 6 公里；新建 1 个通信基站、2 个 4G 基站，实现了全村通信网络和 4G 网络全覆盖；解决了所有贫困群众的安全饮水和住房问题。

发展教育是罗雅宏心里的一件大事。过去谷莫村学生上学常常要翻山越岭，家庭困难的娃娃早早就辍了学，在家里帮父母分担杂务。村民俄的曲西供养 4 个儿女，一家五口挤在窄小的土房子里。转眼子女升学开支陡增，家庭经济压力大，没有劳动技能的俄的曲西犯了愁。罗雅宏多次拜访俄的曲西家，和他掏心窝地讨论生计问题，鼓励他不要放弃娃娃的教育。为了帮当地父母们解决后顾之忧，罗雅宏发动成立了"谷莫村教育基金"，资助困难学生入学。在 26 天内建成了谷莫村幼教点，完善教育功能配置，实现适龄儿童 100% 就近入学。罗书记还向爱心人士发起了募捐，为特布洛乡中心学校学生筹集了价值约 16 万元的校服。娃娃们不用为读书发愁，谷莫村未来的发展有了希望。

（三）"乘法"：培养扶贫模范先锋

脱贫攻坚路上，只有领导干部打前锋，人民群众才能成为主力。只有培育出一批模范先锋，激发广大乡民脱贫的"内生动力"，才能让脱贫致富路走得更宽更远。罗雅宏决定从优秀党员开始，鼓励他们发挥先锋模范带头作用，辐射影响周围群众。罗书记先后组织召开支委会、党员大会和三职干部（村支部书记、村主任、村文书）大会30余次，培育党员、入党积极分子和村级后备干部若干人。经过一年多的发展，谷莫村有文化、有技能、有担当的青年都加入了"青年先锋队"，队伍规模达80人。这些优秀青年在谷莫村的脱贫致富、抢险服务等工作中发挥了骨干作用。与此同时，谷莫村实施党员示范项目2个，扶持种养大户3户、脱贫示范户4户、致富示范户4户，通过模范引领村民自力更生。

在广泛走访贫困户后，罗雅宏书记发现不少村民心里还存在"等靠要"的惰性。他与村两委一起组织召开全村脱贫攻坚誓师大会，与贫困户逐一签订脱贫协议书，定下了"多劳多得，不劳不得，以奖代补"的规矩；修订《村规民约》及《实施办法》，探索实施农户自愿联组"网格化"管理模式；开展脱贫攻坚感恩奋进主题演讲比赛等活动，旨在从根子上转变思想，激发村民致富内生动力。2016年5月，罗雅宏策划筹备了谷莫村第一次"发奖大会"，规定：农户每养殖1头能繁母猪，奖1桶食用油和1袋大米；凡是获评"文明卫生家庭"的村户可以奖励毛巾、洗脸盆、洗衣粉和香皂等生活用品。这些奖励措施激发了村民参与生产和乡风文明建设的积极性。

此外，谷莫村还举办了"火塘夜话""耳朵上的讲堂"等多种形式的教育活动。先后开办23期"谷莫村农民夜校"活动，培训农民2000余人次，切实提升了群众综合素质。在罗书记的带领下，村两委的治理能力得到显著提升，一批优秀的青年模范成长为后备干部，起到了"点亮一盏灯，照亮一大片"的社会效应。通过激发群众干劲与积极性，消除了村民"靠着墙根晒太阳，等着别人送小康"的惰性思维。谷莫村的经验得到了凉山州政府肯定，并在全州推广。

（四）"除法"：涤除陋习建设精神文明

由于卫生习惯差异，曾经的大凉山彝族山民给外界留下的印象是"门前一堆粪、人畜共居"，以及"不洗手、不洗脸、席地而睡"，部分山区群众的卫生习惯亟待改善。此外，这里的传统观念认为嫁娶丧葬要大操大办，不能在乡亲中丢了"面子"，最多要宰杀几十头牛羊，造成大量的浪费。一些家庭办一次红白事，负债到家徒四壁，成了贫困户。罗雅宏到村后，组织村民代表就村风展开商讨，协商制定《村规民约》，涤除陈规陋习。

为了帮助村民养成健康卫生的生活习惯，罗书记与村两委深入推进村风文明建设，创建了州级"四好村"（住上好房子、过上好日子、养成好习惯、形成好风气）。通过加强道德教育和职业技能教育，加强村务治理，2017年全村无一例辍学事件、治安和刑事案件发生。针对一直以来对艾滋病认知与防护不足导致的传染问题，谷莫村深入推进禁毒防艾工作，2017年全村无新增吸贩毒人员。

为了使传统婚丧文化与现代生活更好地衔接，罗书记与谷莫村两委会请彝族乡村有威望的老人一起做工作。通过村规民约与乡民约定，操办婚事不得过于奢侈，养成文明餐饮的习惯。洛比尔吉是谷莫村的德古，在彝族文化中相当于民间法官，村里人有纠纷会找他帮助排解。洛比尔吉对罗书记推行的村风文明建设感到欣慰："村民有了知识文化、遵纪

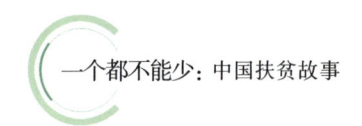

守法，就能够排解矛盾纠纷。"

罗雅宏最自豪的是，现在的谷莫村已经不再是落后贫困的代名词，村民不仅物质上不再贫穷，精神上也脱了贫，自觉养成了健康文明的生活习惯。"四好"家庭得主贾古尔哈说："以前总觉得村里乱糟糟的，现在偶尔看到路上有垃圾，自己也会不自觉地捡起来。"村民俄的曲西高兴地说："罗书记来到我们村里当第一书记以来，给我们解决了不少的事，帮了不少的忙。你看，我们的环境卫生好了，房子也修得漂亮了，都不知道该怎么感谢他。"

在罗书记的带领下，谷莫村正昂扬自信地踏步在脱贫致富路上。

三、"第一书记"制度的优越性

在第一书记的带领下，谷莫村通过采取"加减乘除"四法：探索创新"以奖代补""以购代捐"方式做大做强产业；修路架站，做好保障，减少村民生活成本；"以评促改"，培养扶贫模范先锋；移风易俗，涤除乡村陋习。

谷莫村的脱贫路充分体现了第一书记制度的优越性，是中国特色扶贫开发道路的成功实践。主要经验与体会如下：

第一，第一书记制度有利于充分发挥人力资源优势，科学引领乡村发展。边远民族地区往往贫困问题复杂，亟须一批具备高素质、硬本领的人才为脱贫攻坚开辟道路。"火车跑得快，全靠车头带。"像罗雅宏这样接受了高等教育、从机关单位选拔出的第一书记党性强、知识丰富、眼界开阔，能够立足地方民情，因地制宜探索多措并举的扶贫新路径。谷莫村探索出的"以购代捐""借羊还羊"等模式能够长短结合注入产业"活水"，充分发挥落后地区的"比较优势"，拉动经济增长。

第二，第一书记能够密切联系群众，拉近干群党群关系。一方面，在驻村工作中，罗雅宏书记主动深入田间地头、农家炕头开展驻村走访工作，深入宣传党的各项政策，拉近了党和群众的关系；通过与贫困百姓打成一片，真正急人民之所急，有针对性地解决群众需求，为村民创业致富出谋划策，为脱贫攻坚事业贡献智慧。另一方面，第一书记也是村两委班子的润滑剂。罗雅宏书记长期和村干部打成一片，主动与上级部门联系，积极协调多方力量，拉近了上级与下级、干部与群众的关系。

第三，第一书记制度能够夯实基层组织，推动地方精准扶贫。基层工作责任重、任务多。罗雅宏书记勇于担当、敢挑重担的工作作风为村两委注入了"强心剂"和"源动力"；其扶贫工作目标明确、敢于面对各种挑战的精神引领着农村基层组织为发展农村经济发挥主导作用。

第四，第一书记制度能够发挥先锋示范作用，推动乡村精神文明发展。罗雅宏书记长期与群众朝夕相处，以实际行动为村民树立榜样。其推行的"以奖代捐""以评促改"以及发挥扶贫先锋模范作用的实践，创新了扶贫道路，调动了村民移风易俗的积极性，让贫困落后的谷莫村百姓"涤除陋习""斩除穷根"，焕发出积极向上的崭新面貌。

"卸职不卸情"的"拼命三郎"

——灵丘"脱贫路上好青年"马不停蹄投入攻坚战

  山西省大同市灵丘县是著名的抗日根据地。1937年,中国共产党领导的八路军在灵丘平型关首战大捷,打破了日军"不可战胜"的神话,鼓舞了全国军民的抗战士气,创造了全国抗战开始以来中国军队的第一个大胜利。80年后的今天,灵丘县将"平型关精神"注入脱贫攻坚工作中,狠抓实干,脱贫攻坚工作取得显著成效。截至2019年4月,灵丘县14项贫困县退出指标全部达到退出标准,124个贫困村、15944户41202名贫困人口实现稳定脱贫。

  灵丘县脱贫攻坚辉煌战果的背后,是一大批驻村第一书记默默奉献的身影。他们扎根农村,不畏艰苦,用自己的智慧和汗水带领当地群众打赢脱贫攻坚战。先后驻扎在灵丘县韩家房村和边台村的第一书记高姗姗,就是其中一员。她先后担任灵丘县韩家房村、边台村第一书记,以敢想敢做、不怕苦不怕累的责任感和正能量帮助当地贫困户啃下了因病致贫、因病返贫的"硬骨头",为安土重迁的村民开始新生活解决了后顾之忧,摸索出了产业扶贫、党建扶贫、社会公益扶贫、思想扶贫、文化知识扶贫、基础设施建设扶贫和创业扶贫"七位一体"的系列扶贫措施,带领村庄如期实现了整村脱贫。高姗姗充分发挥了驻村第一书记的作用,增强了农村发展的内生动力、激发了群众脱贫的信心。

一、"卸职不卸情"的第一书记

灵丘县地处山西省东北部、大同市东南角,是国家扶贫开发重点县。全县总面积2732平方公里,辖12个乡镇、255个行政村、186个自然村,总人口25万,其中农业人口20万。截至2017年9月,全县共有贫困人口9808户24420人,因病致贫3975户7813人,占贫困人口的32%。为此,在该地的脱贫攻坚战中,探索破解因病致贫、因病返贫难题的有效路径尤为必要。此外,该县将近200个自然村的基础设施普遍落后、缺少产业基础,发展集体经济、带领村民就业和发展,是该县脱贫攻坚战的重头戏。

2017年8月,山西"80后"女孩高姗姗被中组部、团中央派驻到革命老区灵丘县韩家房村担任第一书记。在带领乡亲们脱贫攻坚的过程中,这位驻村第一书记一心扑在扶贫事业上,充分发挥主观能动性,新招实招频出,被村民亲切地称为"拼命三郎"。经过近一年时间的奋斗,高姗姗带领韩家房村如期实现整村脱贫。紧接着,高姗姗又申请到灵丘最偏远、最贫穷的村子担任第一书记。"我在韩家房村任职的时间虽然不到一年，但我已经把这个村当作了自己的第二故乡，村里有什么事情还可以继续找我，我是卸职不卸情。"高姗姗深情地说，"我与村民紧紧依靠，在村这一最基层、最小的单元内共同参与了脱贫攻坚这一历史进程，在同吃同住同劳动中一起干事创业，建立了深厚的感情。"

2018年5月，为了表彰高姗姗在驻韩家房村期间的出色表现，山西省大同市授予她"脱贫路上好青年"荣誉称号。对于扶贫工作，这位好青年有着自己的理解："我觉得越是偏远贫穷的山村，越能磨炼一个人的能力和心性，越是艰苦的环境，越能有所成长和感悟。举国上下脱贫攻坚，是国家非常时期的非常之举，我挺珍惜这样的历史际遇，不是每个人都可以像我一样，这么幸运地在年轻不怕吃苦的年纪亲历和深度参与这样一个历史进程，并能贡献自己的力量。我希望未来回忆人生的时候，今天我所做的事情，是最让我值得骄傲的。"

二、"真情实干"带领村民脱贫致富

（一）情系乡民，第一书记尽心尽力抓健康扶贫

刚到韩家房村，高姗姗就很快进入了工作状态，在两周时间内，她跑遍了好几个山沟沟，走访了村里所有贫困户，常常一走就是一整天，连一顿正经饭都吃不上。韩家房村如期实现脱贫后，高姗姗又来到边台

村担任第一书记，并在短短一个月的时间内完成贫困户的入户走访，得到了村民的认可和信任。

习近平总书记指出，"因病致贫、因病返贫不是个别现象，带有一定的普遍性"。为了找到这个共性问题引发的致贫原因，高姗姗一家家地进行了走访和调研。通过实地走访，她发现韩家房村不少人患有干燥综合征，为了帮助患病村民，她联系了北京大学第三附属医院专家进行远程视频义诊。了解到这种病有可能会遗传给下一代，她又找到国家疾控防治中心，发现致病原因可能跟上辈人中存在近亲结婚的现象有关，于是有针对性地在村里开辟科普专栏，宣传医学知识和相关的医疗报销流程，提高村民的疾病防控意识。患脑梗的寡居老人杜玉堂感慨地说："穷人不出家门就享受到了北京专家给看病，这是我们想也想不到的。"面对贫困户的困境和部分村民因疾病遭受的痛苦，高姗姗写道："我深切感受到贫困户的苦是心苦，是面对因患病导致劳动力丧失时产生的无力感和绝望感，虽然有大病医疗救助，但是获得救助的比例还相对比较低。我突然觉得，我的扶贫在跟时间、跟生命赛跑。"到任边台村后，2018年12月，高姗姗又参与对接了全国青联组织医疗界别的专家和委员到村集中义诊、捐钱捐药、结对帮扶项目，为桃花沟里7个村[1]的200多位老百姓祛除病痛，带来温暖。

---

[1] 桃花沟易地移民搬迁安置点是红石塄乡打造的龙须沟田园综合体项目重点工程之一。项目涉及边台、龙玉池、沟掌3个行政村7个自然村。搬迁378户913人，其中建档立卡贫困户205户493人，安置点设在边台村，占地面积93亩，为3层结构楼房，建设50、70、90平方米住房378套。

医疗界别青联委员李亚峰在边台村义诊

（二）多管齐下，"拼命三郎"实招新招攻坚克难

高姗姗担任韩家房村第一书记后，在扶贫实践中，摸索出了产业扶贫、党建扶贫、社会公益扶贫、思想扶贫、文化知识扶贫、基础设施建设扶贫和创业扶贫"七位一体"的系列扶贫措施，多管齐下，根治贫困。

为了帮助贫困户改进思想，打开党员干部思路拔掉穷根，高姗姗自费两万多元外出广州、中山、晋江、日照、临沂等地考察，回来就跟村民们开会讲外面的先进思想和办法，经常一讲就是两小时，讲完了，村民和党员干部都不愿意走,纷纷表示:"俺就愿听高书记讲述脱贫致富的法子。"

为了改善村民的生产生活条件,高姗姗争取到了 20 万元的农委(农村工作委员会)资金,用以修建公共浴室。她还组织修缮了村头被雨水冲毁塌陷的田间路,争取水利部门支持修缮两座蓄水池。此外,高姗姗还申请到了扶贫资金 50 万元,为村集体购置大型拖拉机、配套灌溉设施。

脱贫攻坚实践中,高姗姗还带头摸索出"X+1"联合党建扶贫模式,带动各方社会力量参与脱贫攻坚,起到了四两拨千斤的效果,特别是党建在引领公益扶贫方面展示了巨大力量。2018 年 3 月 18 日,团中央直属单位中国光华科技基金会第二党支部与韩家房村党支部建立联合党支部,签订合作共建协议,全面对接基金会资源开展扶贫,迈开党建脱贫的第一步。在这一思路指导下,高姗姗发起了"自强不息、志存高远"助梦项目,对接首创证券有限责任公司对韩家房及周边两个村的寒门学子进行长期资助,为所有建档立卡贫困户孩子学费兜底;筹备建立了"存孝"守护老人项目,协调光华科技基金会捐赠 20 余万元秋冬物资发放给贫困户和边缘贫困户等;对接北京财贸职业学院和北京理工大学,累计捐赠 1600 套棉衣,为灵丘县 10 多个贫困村的贫困户和边缘贫困户1600 余人送去了温暖。

创业扶贫,是高姗姗为当地脱贫注入的新动力。2017 年 11 月,她带领当地青年建立全国唯一实职认证的"驻村第一书记"微信公众号,汇聚多方力量,共同打造了灵丘当地农特产品"存孝"品牌。此外,她

① 高姗姗和她联系资助的孩子们
② 高姗姗组织青联委员给边台村村民发放米面油生活物资

"驻村第一书记"微信公众号和商城二维码

还建立以贫困户为主体的灵丘县存孝有机食品专业合作社，协调建设SC（食品生产许可）标准化生产车间，推动苦荞茶成为国礼走出国门，成为传播中国故事的文化载体。高姗姗还带领当地青年创业团队与鹿晗等中国明星建立长期扶贫合作联系，通过网络新媒体的宣传，在微博、直播社交平台销售农产品，取得了很好的宣传和销售成果。此外，灵丘存孝有机食品专业合作社还帮助其他贫困山区的企业、合作社卖货，解决当地劳动力就业问题。创业扶贫不仅解决了当地现实贫困问题，还使大批农村优秀青年获得成长，让农村的未来更有希望。

提起这位被村民称作"拼命三郎"的第一书记，大家的话语里充满了敬佩。一位韩家房村村民评价说："她喜欢挑战新事物，越有难度越有倔劲儿，认准的事儿无论如何都要坚持做好。这股子劲儿，别说是个女孩子，就连好多老爷们儿也比不了。"高姗姗的苦干精神为她赢得了村民的认可和感谢，激发了村民的脱贫热情，他们表示："你干什么，我们都愿意跟着你干！"

（三）探索"党建引领、产业造血"的脱贫新路径

矛盾具有普遍性和特殊性。边台村与韩家房村的贫困状况虽有很大不同，但也有一些共性。高姗姗在韩家房村积累的"七位一体"脱贫经验，也是治疗边台村贫困沉疴的一剂良方，并在这里的脱贫实践中得到了升华，精炼为"党建引领、产业造血"的脱贫路径。

党建引领边台村扶贫。2018年5月开始，高姗姗推动包括小米集团、中国国际青年交流中心、北京理工大学、中核能源科技有限公司等多家企事业单位的党委、党支部与韩家房村、边台村党支部建立长期合作关系，各方捐赠扶贫物资累计40余万元。此外，高姗姗还积极争取时任团中央学校部副部长石新明同志协调帮助边台村与临沂大学、吉林农业大学建立党建联系，在两所大学党组织的支持和帮助下，2019年5月，玉木耳和雪莲藕大棚种植项目落地边台村，棚产值12—36万元，总产值100余万元。截至目前，该项目已带动当地劳动力就业1000人次，帮助可劳动贫困户实现人均增收7000元，玉木耳产业已经成为边台村脱贫后的乡村振兴产业。

作为灵丘县重点易地移民搬迁点，边台村的脱贫之路走得要更加艰难一些。村民们完成移民搬迁，住进崭新的别墅后喜忧参半。面对生活方式的转变和水电气费用等生活成本的上升，村民们感到无所适从。高姗姗明白，要让大家安心过上好日子，最根本的办法是发展经济。为此，高姗姗和同事们建立了以村主任为法人，全员参与的村集体合作社，发

玉木耳晾晒棚里的丰收

展集体经济，建设以玉木耳和雪莲藕大棚种植为主体的党群农旅经济科技园项目，实现村集体经济发展带动村民个体创业协同发展、共同振兴致富。

为了提高边台村生产力，高姗姗还领导大家打造农业科技项目扶贫产业链条。一方面与右玉图远冻干公司合作进行玉木耳的冻干零食、冻干粉等零食保健品开发，另一方面与研学旅行团体合作开发农业旅游项目，不断深挖产业链条的潜在经济价值。同时，高姗姗还带领大家探索通过"四个一"（就业管理一部分、孵化带动一部分、补贴兜底一部分、奖励引导一部分）的方式，打造新型移民搬迁村经济治理新模式。

高姗姗在边台村做群众工作

高姗姗与村民讨论村集体产业发展

最初接到组织将她派驻边台村的安排时，高珊珊曾说："现在新任职的边台村不是最穷最远，但还是要服从组织安排的，不管在哪里，只要全情全心投入，都会问心无愧。" 现在，这位第一书记的任期快要结束了，村民像告别家人般依依不舍。她留给这里的，是村民们日益富裕的生活和越过越有劲儿的信心；而她带走的，是村民们两封沉甸甸的挽留信；始终不变的，是她那颗赤诚勇敢、至真至纯的初心。

一封摁满红手印的挽留信

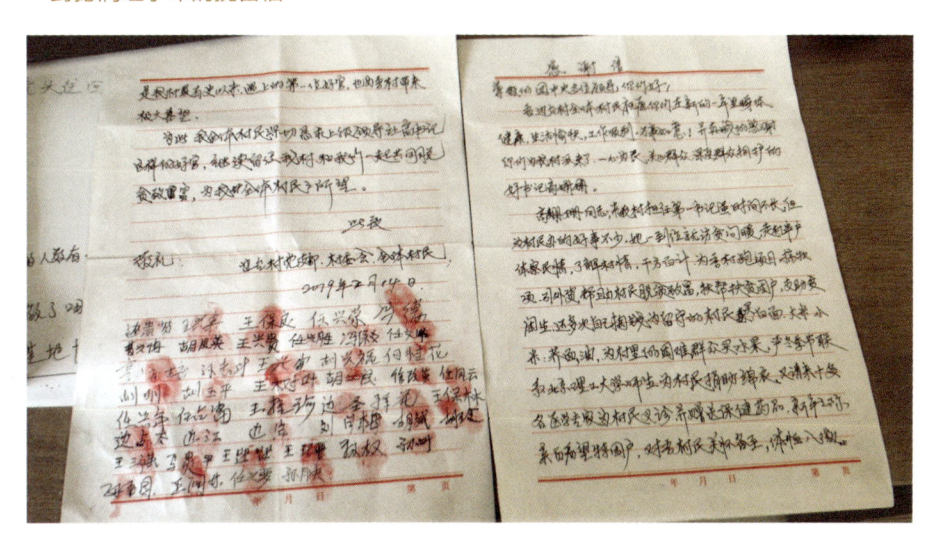

三、第一书记大有可为，大有作为

作为国家级贫困县，灵丘能提前实现贫困摘帽，全县182支驻村扶贫工作队、136名第一书记功不可没。他们活跃在田间地头，进出于贫困户的院落家中，扶智扶志，激发脱贫内生动力，出谋划策，寻找脱贫途径。他们这些深入一线的驻村帮扶干部，被村民亲切地称呼为"城里的亲戚"，全县处处弥漫着浓厚的脱贫攻坚气息。[1]

先后驻扎在灵丘县韩家房村和边台村的高姗姗，是冲锋在脱贫攻坚战前线的第一书记的优秀代表。她的工作成效充分证明，第一书记在脱贫攻坚中大有可为，大有作为。主要经验与体会如下：

第一，第一书记在领导农村脱贫攻坚上具有得天独厚的优势。高姗姗在工作过程中，善于借力团中央实行的"4+1""8+4""1+100"制度[2]，时常跟灵丘团县委书记和创业青年们商议和研究解决问题；善于通过党组织和团组织的渠道，联系到更多的外部资源为驻在地的扶贫开发服务。选派第一书记参与农村脱贫攻坚，有助于激发农村活力，改善农村基层治理结构，联结外部资源，带动和搞活农村产业经济，推动

---

[1] 《灵丘：今年脱贫摘帽底气从何而来？》，新浪网，2018年2月12日，http://k.sina.com.cn/article_2169891005_8155e8bd02000678n.html。

[2] "4+1"工作机制：在岗干部力争每周在机关工作4天，在基层单位工作1天；"8+4"工作机制：团中央力争每年50%的干部在机关工作8个月，在区县团委工作4个月；"1+100"直接联系青年制度：每名专职、兼职团干部经常性联系100名左右不同领域团员青年，直接服务和引导普通青年。

农村经济社会发展转型。

第二，第一书记在激发群众脱贫热情上能发挥独特作用。高姗姗近民、亲民、爱民，敢想能干，"卸职不卸情"，她以极高的责任感、极强的正能量，增强了与村民的情感互动，激发了贫困户的脱贫信心。在她的带领和宣传下，村民的视野更广了，劲头儿更足了。

第三，应让第一书记的能量得到充分发挥。高姗姗怀抱着对脱贫攻坚战的极大热情，马不停蹄转战在脱贫攻坚第一线，运用自己积累的实践经验，有效地帮助了更多贫困百姓实现脱贫。可着力培养那些有意愿留任的第一书记，让他们坚守在脱贫攻坚第一线，成为贫困地区脱贫致富的持续性领导力量。

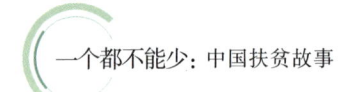

"当代女愚公"的梦想

——幸福是奋斗出来的

《愚公移山》是中国战国时期思想家列子创作的一篇寓言小品文，叙述了愚公不畏艰难，挖山不止，最终感动天帝而将山挪走的故事。

1999—2011年，世代生活在大山里的麻怀人在以邓迎香（女，汉族，1972年10月生，2009年6月加入中国共产党）为代表的基层党员干部的团结带领下，凭着不等不靠、敢于挑战、坚定不移和百折不挠的干劲，耗时12年用钢钎大锤凿出了一条长216米、高4米、宽5米的麻怀隧道，让原本要花两个半小时的出山路变成了只需3分钟的致富坦途，邓迎香因此被誉为"当代女愚公"。

隧道通车以后，邓迎香从一位只有小学学历的普通党员，成长为众望所归的村两委带头人，相继在村委会主任和村党支部书记岗位上，带领群众完善村级基础设施，努力创业致富，将麻怀村建成远近闻名的"小康村"。

第三章 从个人到企业：扶贫开出"新处方"

一、深山锁住了出路和希望

罗甸县沫阳镇麻怀村位于中国贵州省黔南布依族苗族自治州，是一个山高坡陡、居住分散、水资源缺乏，曾经被大山深锁的小山村。全村有5个村民小组，6个自然寨，共142户604人。

1990年，邓迎香嫁到麻怀村，她是第一个从外乡嫁到麻怀村的姑娘。出嫁那天，她走了两个半小时山路，脚上磨出的水泡钻心地疼，窗外黑黢黢的大山一片死寂，邓迎香"当时就后悔了"。所幸，邓迎香和丈夫很恩爱。两口子起早贪黑干活，种菜养猪，"就是希望日子好过点"。收成的时候，两口子急匆匆背上蔬菜去镇上赶集。"路太难走了！"邓迎香说，人累得半死不说，背上的菜早就烂了，根本没人买。1993年，邓迎香第一个孩子出生，然而一天夜里，孩子突然高烧不退。深更半夜，邓迎香和丈夫打着手电筒，深一脚浅一脚疯了似的往山外的医院跑。"路太远了！真的太远了！"还没翻过山，3个月大的孩子没了气。一片漆黑里，连绵不断的大山影影绰绰。

囚笼般的大山围困着邓迎香，也刺痛着所有麻怀人。邓迎香清楚地记得，那时候的麻怀，建筑材料拉不进来，家家户户都是木头房，席梦思也抬不进村，睡的都是硬邦邦的木板床；村民赶着牛到集市卖，山崖路陡，一年有好几头牛摔下去，当场就死了……1999年，国家实施农村电网建设，麻怀村因山高路险，电线杆和变压器没法运输，电网建设无奈搁置。但也就是这次农村电网改造，麻怀人与大山的"斗

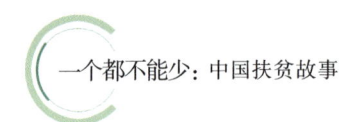

争"终于有了破窗的曙光。

二、脱贫致富从联通外部世界开始

（一）不等不靠，吹响打通隧道号角

1999年实施农村电网改造期间，麻怀村在勘察道路时发现广山坡下有个出水洞，于是有人提出打通隧道的想法，得到了广大村民和村干部的一致赞成。时任村两委的干部请来了专家对山洞进行勘察，最终确认可以打洞，并画了标线。

1999年，麻怀村召开群众大会，村民一致通过凿穿隧道的计划和实施方案，并决定兵分两路，一路由村支书带队，在麻怀、屯上等组修明路联通隧道，另一路由村副主任李德龙带队率翁井组村民挖通隧道。翁井组的村民们于1999年11月15日正式开始打暗洞，到2000年3月3日凌晨2时许，暗洞打通，此时的隧洞只能容1人爬着通过。到2001年农历正月，隧洞基本打通，电线杆顺利抬进村，麻怀村终于通电了。后面几年，村民们断断续续地挖掘拓宽隧洞。至2004年1月，长200余米的隧洞终于全部打通。此时的隧洞，又矮又窄、坑洼不平，通不了车，人弯腰走过去还会撞到头。

那时的邓迎香是麻怀村一名普通的村民，同时她也是时任村副主任李德龙的妻子，对于丈夫的事业，她总能理解并默默全力支持。从启动挖洞开始，她每天都坚持挖洞 10 个小时以上。村民们看在眼里，心里也开始认同这位"女汉子"。

（二）敢于挑战，女党员走在困难最前沿

2009 年 6 月，由于在前期挖掘工作中的优秀表现，经过村党支部的培养，邓迎香光荣加入中国共产党，成为麻怀村党支部的一员。

2010 年国庆节，邓迎香的继女李琼出嫁。"那天下大雨，路上全是稀泥。"邓迎香说，"接亲的车子进不了村，女儿只能脱下皮鞋换上拖鞋，双手提起婚纱，在洞里艰难前行。高个子的新郎猫着腰从洞里钻了出来，一对新人成了泥人。"女儿女婿的狼狈相刺痛着邓迎香的神经，多年来这条路带来的心酸苦痛一幕幕涌上心头。那一晚，她长久难眠，一翻身坐起来，对丈夫李德龙说："我要把洞凿高、凿宽，要通汽车。"李德龙吓了一跳："你疯啦？"

天一亮，邓迎香就挨家挨户去做工作。"大家挖怕了，都摇头。"奔走的邓迎香显得有些形单影只。"没人理我，我就自己干！"邓迎香只身一人钻进了洞里，抡起铁锤，一锤锤凿。一天下来，双手全是血泡。没几天，丈夫也"疯了"，凿洞的人变成了两个。

丈夫建议："咱们俩凿到死也凿不通，还是动员大家一起干吧。"借助李德龙的关系和亲戚的支持，夫妻俩顺利召开了本寨村民第一次会议，参加那次会议的 50 个人足足吵了 4 个小时，也没有个结果。第 2 次开会，一些原先同意的村民又反悔了，甚至有些村民还对她修通隧道

的想法表示嘲笑。第3次开会,邓迎香使了狠招,宣布:"谁干谁受益!将来隧道完工后要装扇大铁门,平时锁上,只给打洞的人发钥匙。"第4次、第5次会议后,所有的人终于都同意了。

(三)坚定不移,敢教麻山变通途

由于村民原始的凿洞办法效率太低、进程十分缓慢,邓迎香决心使用机械设备辅助来加快凿洞进度。她开始四处奔走,找到乡里,跟着乡干部又找到县里。终于,县财政局批了3万块钱。邓迎香又从家里拿出了压箱底的1万块钱,买来一辆旧拖拉机,租来空压机,还买了炸药。

2010年12月13日,开工仪式再次举行。邓迎香对乡亲们说:"大山把我们祖祖辈辈困在这里,受罪受苦,今天我邓迎香发誓,我就是用手挖,用牙啃,也要啃出一条通村大道。"邓迎香便和丈夫李德龙一人带一队,从两头同时凿进,昼夜不停。

消息越传越广,县政府、民宗局、民政局、城建局、残联、职校陆陆续续送来了资金,县财政局、林业局、水利局送来了水泥,邓迎香的女婿捐了1万块钱,5个在县城开货车的村民赶来无偿拉渣土……挖隧道的人从一开始的50人变成了400多人。2011年8月16日,经过270天的艰苦奋战,一条长216米、高5米、宽4米的隧道终于全线贯通,麻怀村史上第一次开进了汽车。

通车不到一年,麻怀村八成以上的村民盖起了砖房,不少人家还买了摩托车、小汽车。有小贩通过隧道开着面包车进村吆喝,卖面包、饮料、雪糕。吼着喇叭的"家电下乡"车也开到了家门口，村里的生活一下子多了很多滋味。最开心的是孩子们。他们如今上学，半小时之内就能到学校了。

（四）趁势而上，麻怀发展换新颜

2014年1月，邓迎香当选为麻怀村委会主任。她更加积极地向罗甸县委、县政府争取项目资金，先后为麻怀村争取了项目资金3000多万元，建起了党员群众活动中心和群众文化活动广场，改造房屋外立面224栋，新修4G移动基站1座，实施农村电网改造5.2公里，改扩建通村公路5公里，新建通组串户水泥路8.6公里，解决全村农户的安全饮水问题，修起农家乐、小超市、电商平台与金融网点等。短短几年时间里，麻怀村从落后的贫困村摇身一变成了美丽新农村。

村里基础设施与群众生产生活环境的改变，吸引了20多个外出务工"能人"返乡创业，办起了麻怀村第一个种植专业合作社。邓迎香鼓励村民将土地流转给合作社，使麻怀村形成了"能人"与贫困户抱团共同致富的良好格局，发展活力空前高涨。

2016年，邓迎香当选为麻怀村党支部书记，麻怀村被贵州省委命名为全省党建扶贫示范基地。邓迎香带领村两委乘势而上，提出了"山上种果药、田里种稻菜、水边养鸡鸭、家里养黑猪"等六项产业发展工程。

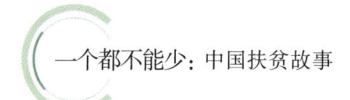

（五）产业实践，共筑麻怀致富梦

"新时代的麻怀，必须以大力发展产业为支撑，让群众早日富起来、强起来。"这是"凿山穿石""女愚公精神"的现代升级，也是邓迎香和麻怀群众追求美好生活的时代愿景，更是麻怀人沐浴"麻怀干劲"不断奋斗的真实实践。这个实践过程，具体落到了一项一项致富产业经营中。

在邓迎香的带领和"迎香品牌"的驱动下，麻怀村成功整合邻边的田坝、东跃、民进、联合、董架等村级资源，建立了联村党委，形成资源共享、优势互补、产业联姻、抱团发展的党建联合体，进一步壮大发展力量。联合体规划建设了乡村旅游线路，建设了精品水果采摘园，引导村民种植桃树，开展林下养鸡、栽培食用菌、种植中草药和养殖黑毛猪、鹌鹑等，将产业基础不断打牢打实。麻怀村还与贵州大学、贵州线线通科技信息咨询有限公司等单位建立合作销售关系，以村委会领办合作社方式，规范养殖基地管理机制，建立工作台账，组建了一支职责明确、工作高效、合作默契的专业管理队伍。

在村两委的带领下，麻怀村农户共种植桃树23000株，林下养鸡6500只，种植核桃与板栗270余亩，稻田复种早玉米326亩；以村集体引领，吸引罗甸县龙头企业信邦制药公司对口帮扶项目发展订单中草药种植100亩；依托区位优势——距离"中国天眼"大射电望远镜只有7公里，为游客提供餐饮、住宿、乡村旅游等多方面服务，大力打造原生态农家乐、农家小旅馆，引导扶持农户走上更广阔的发展天地。

三、幸福是奋斗出来的

"当代女愚公"邓迎香带领村民建设麻怀的故事,在技术层面是基层组织引领发展、农村综合改革和产业增收致富的典型故事,在技术之上更彰显了习近平总书记指出的"中华文明在继承创新中不断发展,在应时处变中不断升华"的现实意义。主要经验与体会如下:

第一,中国共产党人继承和发展了中华民族艰苦奋斗的优良传统,使之升华为党的优良作风。习近平总书记多次强调,"幸福都是奋斗出来的""奋斗本身就是一种幸福""新时代是奋斗者的时代"。麻怀人世世代代生活在被大山阻挡的村子里,"山"阻隔了"家"与"世界",是放弃丰饶"世界"的资源守在"家"内自给自足,还是放弃"家"的美好"翻山越岭"迁往未知新"世界"?最"愚"、最自然、也最奋进的中国人、中国共产党人的答案就是:把山挖了,联通"家"与"世界"。

第二,基层负责人要率先垂范,发挥"领头羊"作用。农村要发展,村干部作用是关键。麻怀村刚挖通隧道不久,县里要来为麻怀村进行房屋改造和通村路改造,当时村民都以为房子重新装修后会很难看,都不太愿意把自己家贴好的瓷砖铲下来。邓迎香和几个村干部就带头把自己家的房屋改造了。看到改造后的房屋更漂亮了,大家才放心。村里要发展蔬菜产业,要流转土地,大家开始都不愿意先签合同,怕拿不到钱,邓迎香率先签订合同,带着大家一起迈出"新步子"。为了方便村民办事,村干部不怕浪费干农活时间,实行工作坐班制。

第三，村务管理要有公道正派的精神。麻怀村开办迎香农业发展有限公司，发展"村企一体、合股联营"的时候，在分级估价、折算股份的环节都是经过村民开会讨论决定的，做到公平公正公开，让村民信服。麻怀村还制定了《麻怀村村务管理综合改革方案》，对村务管理制度进行了详细规定，如村民代表会议所作出的决定和决议必须经全体代表过半数通过才算有效，同时，决定和决议要向村民公布和公开。

第四，村干部要有不断创新的精神。麻怀村的基础设施和生活环境得到改善后，村干部和党员又进行"二次创业"，带领全体村民成立贵州迎香生态农业发展有限公司，通过村党支部、村委会、迎香公司三股力量，把村里的土鸡养殖、黑毛猪养殖、鹌鹑养殖、仿野生菌和蔬菜种植产业、农家乐乡村旅游、集体经济发展起来，还把全村划分为3个网络党小组和1个流动党小组，实行"党支部管理全村、党员联系村民、群众监督党支部和党员"的管理方式，把村里的发展新气象抓出来，率先在罗甸把麻怀村建设成为小康示范村。

身残志坚"女强人"

——"沂蒙精神"+"志""智"结合托起扶贫车间

巍巍八百里沂蒙,这片红色的土地,在抗日战争和解放战争年代诞生了无数可歌可泣的革命英雄儿女,如"沂蒙母亲""沂蒙红嫂""沂蒙六姐妹"。沂蒙英雄大无畏的革命精神后来被称为"沂蒙精神",成为中华民族宝贵的精神财富。然而,由于沂蒙山区地处偏远,交通不畅,是全国几个连片贫困区之一,特别是因病、因残以及劳动能力弱致贫问题成了这里脱贫攻坚的瓶颈。这块脱贫"最难啃的骨头"应该怎么啃?

身残志坚的贫困户刘加芹依靠自身立"志",贷款创办服装加工厂,开创就业扶贫车间,在争取提高车间科技含量的同时,义务培训车间村民的缝纫技术,为车间加上"智"引擎。刘加芹不仅自身脱贫致富,还带动了周边5个村庄的贫困人口就业,很多贫困家庭劳动力实现了就业

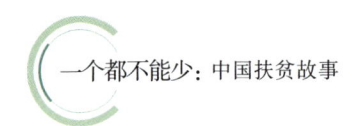

脱贫，为啃掉脱贫"最难啃的骨头"交出了具有沂蒙老区特色的答卷。

一、革命老区的新扶贫精神

山东省临沂市是中国著名的革命老区，总面积1.72万平方公里、人口1124万，是山东省人口最多、面积最大的市。由于经济基础薄弱、发展条件滞后，2015年10月，临沂市有省定贫困村1145个，贫困人口41万户70万人，其中无劳动能力者42万人，贫困发生率7.6%。

2013年11月，习近平总书记视察山东临沂时指出，沂蒙精神是党和国家的宝贵财富，要不断结合新的时代条件发扬光大。临沂市牢牢把握习近平总书记关于沂蒙精神的重要讲话精神和指示，建立完善四级党组织书记抓扶贫、党政部门同攻坚的组织体系以及与脱贫攻坚相适应的投入体系，发挥"红色引擎"的推动作用，坚持"摘穷帽"与"拔穷根"并举、村增收与户脱贫并重，摸索出具有临沂特色的"一村多业、一户多策、一人多岗"扶贫开发新路子。刘加芹和其创办的扶贫车间是这一模式当中的典型例子。

二月初春，乡村的空气里还弥漫着农历新年的气息，在临沂市平邑县凯凯服饰有限公司的服装加工车间里，剪裁区、熨烫整理区、缝纫区的工人们却已在董事长刘加芹的指挥下争分夺秒完成新一年的订单，一台台电动缝纫机飞速运转，一件件衣服在工人手中成型。刘加芹患有先天性心脏病，依靠心脏起搏器生活，而且左腿有残疾。但她却带领着附近无法外出务工的留守妇女,包括患有聋哑、肢体残疾、智力障碍的贫困户,在这个就业扶贫车间里,依靠自己的劳动脱贫致富。刘加芹说:"不让一个人掉队,要帮大家过上好日子。"

在帮助贫困农民脱贫的同时,她优先在工作方式、技术上给予因病、因残、因劳动能力弱致贫的贫困户特殊照顾,让残障贫困户有尊严地脱贫。目前,凯凯服饰就业扶贫车间拥有40多名职工,其中残疾人20多名。

在临沂市各级组织的正确领导和大力支持下,这里诞生了许许多多像刘加芹这样的新时代"沂蒙精神"的代表,助推临沂这个革命老区的脱贫攻坚战取得了决定性胜利,截至2018年2月,临沂市贫困人口由2015年的70万人降到1.8万人。

二、身残志坚,人穷志不穷

(一)身残志坚,迈开步子寻"生路"

刘加芹是一名肢体残疾的病弱农村女性,她凭借"我要脱贫"的坚强志向,办起了两家服装厂,在自己脱贫的同时也为60多名工人提供了就业机会。

1999年,刘加芹刚刚结婚时,婆婆瘫痪在床,公公因病去世,还欠下2万多元的外债。2000年,儿子的出生诱发了她的先天性心脏病,她只能通过做手术依靠心脏起搏器生活。由于手术中的失误,刘加芹的左腿失去了行走能力,成为肢体三级残疾人。连续的变故让刘加芹家一贫如洗,武台镇政府为她家落实低保等惠民政策,好心的乡亲们借钱帮她治病。病情好转之后,面对欠下的巨额债务,她没有"等"政府扶持,"靠"政府接济,"要"政府兜底,而是决定通过创业还债。刘加芹说:"病情渐渐好转,俺想着光指望政府、乡亲们也不行,自己也得想办法脱贫。"

刘加芹会裁缝,于是在 2006 年想到了和几个残疾人姐妹在家里办一个服装加工点。得益于国家对自主择业、自主创业的残疾人在一定期限内给予小额信贷等政策的扶持,刘加芹从银行贷款 2 万元,购买了 10 台缝纫机,创办了凯凯服装加工厂,开启了自主创业之路。

厂子开办了,没有订单,还是无法实现收入。刘加芹作为带头人,就主动承担了为厂子跑业务找订单的任务。刘加芹说:"一开始跑市场,人家不认识也不愿意将货交给俺。还是一个好心的阿姨,见俺在市场转了好几天,给了一份加工 2000 件大褂的订单。"刘加芹带着 2000 件大褂的单子回到了凯凯服装加工厂,几个姐妹花费了一个多月的时间才完工。由于操作不熟练,很多产品因不合格被退回,刘加芹就带着姐妹们认真返工,最终全部如期保质保量完成订单。

(二)急中生智,转动脑子学"活路"

万事开头难。虽然刘加芹精通缝纫,但她厂里的其他姐妹在缝纫技术上却并不十分熟练。厂里请不起老师教大家如何熟练地使用缝纫机,

第三章 从个人到企业：扶贫开出"新处方"

刘加芹只能自己钻研机器，再手把手地教会工人。在刚开始接单的时候，工人都不是熟练工，交货时很多衣服不合格，多次返工后才完成订单。刘加芹回忆说："我们从那时起，就特别注重质量，慢慢地订单就越来越多。"由于刘加芹和她的制衣厂工人干活实在，从不偷工减料，凯凯服装加工厂的口碑也在众多客户心中建立起来，客户们都乐意介绍其他客户给她，凯凯服装加工厂的业务范围越来越广。2011年，曲阜的老客户介绍的邹城客户到服装厂考察后，定做了一批校服，刘加芹的服装厂也开始从仅加工利润较低的工装，转型为利润相对较高的校服。现在，刘加芹拥有济南女子学院、邹城中小学、江苏赣榆中小学等十几个固定客户。

随着生产经营规模逐渐扩大，刘加芹更加注重通过制衣厂设备的升级来提高制衣的质量和速度，就业扶贫车间全部由最初的手动式缝纫机更新升级为电脑自动化的缝纫设备。但是新设备要求工人具备新技能，有些人刚进厂不会操作，刘加芹就通过开展技术骨干与新手"一对一"结对帮教活动，手把手耐心教，免费为贫困劳动力进行技能培训，使他们全部掌握了操作技术。35岁的武台村村民孙述霞说："俺在这里干了6年多了。来的时候啥都不会，刘姐手把手教俺。现在俺一天能做三四十件，去年3个月就挣了6000多元钱。"由于刘加芹为自己的制衣厂加上了"智"引擎，再加上政府对残疾人从事个体经营给予的税收优惠，凯凯服装加工厂可以和市场上其他服装加工厂竞争了。

如今，凯凯服装加工厂在工商部门注册了商标，从最初的农家小院，发展到现在分为裁剪区、熨烫整理区、缝纫区等几大分区，拥有60台电动缝纫机、10 多台特种缝纫设备，年加工服装能力达 10 万套的服装厂，已拥有 40 多名职工，日加工服装 500 余件，年利润达到了 20 多万元。

刘加芹认为，除了升级服装加工厂的设备，初步划分厂内布局，凯凯服装加工厂要在市场中有竞争力，还需要推进现代化建设。于是她成立了凯凯服饰有限公司，一方面推动公司的管理现代化，细化公司部门布局和分工，增强设计能力，提高产品品位和附加值；另一方面推动公司的销售现代化，引入互联网销售模式，扩大公司利润空间。

（三）同病相怜，带着面子走"富路"

刘加芹在脱贫致富的同时，没忘记自己的经历，积极帮助贫困村民，特别是帮助残障人士脱贫。刘加芹感慨地说："在最困难的时候，俺心里有过'如果这时能有人帮俺一把该多好'的想法，如今俺条件好了，俺愿意尽自己所能帮助困难的人。接下来，俺打算扩大就业扶贫车间的生产规模，给贫困人口提供更多就业岗位，鼓励更多的农村妇女参与创业，带动更多贫困户脱贫致富。"凯凯服装加工厂在招工时有一个不成文的规定：优先录用残疾人，而且残疾人每做 1 件衣服比正常人多给 0.5 元加工费。有些贫困户残疾程度较重，不方便到工厂上班，刘加芹就把缝纫机给他们送到家里。贫困户特别是留守妇女实现了不出村庄就能脱贫致富，残障人士能够通过自己的劳动，有尊严地实现脱贫，过上富裕生活。

咸家庄村村民赵治美因病截肢，丈夫身患重病，常年需要依靠药物维持生活，加上两个孩子正在上学，家庭条件十分困难。赵治美说："我身体不好，以前每天要喝 70 元的中药，家里负债累累。查出骨髓炎后又花了两万元做截肢手术，自此待在家里就不想出门了，觉得低人一等。"刘加芹知道后主动鼓励她参与就业扶贫车间工作，并为她家送来一台缝纫机，让她每月不出家门就能拿上 1000 多元工资，这让赵治美明白，即使是残障人员，依靠自己的劳动，依然可以有尊严地活下去。

马文文是武台镇孟家庄的贫困户，因为身体残疾，外出打工困难重重，家里的经济来源主要依靠丈夫在镇里打零工和两亩承包地的收入，五口之家的生活重担仅靠这点收入实在杯水车薪。马文文听说刘加芹的就业扶贫车间长期招工，并且格外照顾残障农民后，主动到车间应聘，刘加芹很快安排她上岗工作。通过就业扶贫车间开展的技术骨干与贫困工人"一对一"结对帮教，马文文的技能水平很快得到提升，加上十分努力，很快全年收入超过 1 万元，家庭经济状况得到了很大改善。

咸海红和她的丈夫智力都有问题，是咸家庄村的低保户。他们的两个女儿又都在上学，家庭生活十分窘困，全家一直依靠低保维持生活。刘加芹安排她在就业扶贫车间做一些简单的工作，发放给她计件工资，并且安排技术好的工友给予指导帮助。咸海红每天能加工 40—60 件成品，日收入 50 元以上，并且每月还可以领到 100 元的生活补贴。

平邑县残联还和刘加芹一起开办了两个善爱之家，帮助 30 多名残疾人实现就业。刘加芹说："找一些可以外放的手工活，让那些实在不会从事服装生产的残疾人和村里闲置劳动力能有个赚钱的机会，只要能多赚一点就好。"刘加芹下一步还将继续扩大就业扶贫车间规模，尽量

多招收一些残疾人和贫困户,让他们依靠自己的劳动有面子地走上脱贫致富的道路。

三、扶贫先扶"志/智",不能"等靠要"

刘加芹通过"志""智"结合,在当地政府、扶贫部门及残联的帮助下,依靠残疾人创业有关扶持政策,不仅成功地实现创业和就业扶贫车间的运转,还将发展效应辐射到周边贫困的村民,探索出以扶贫车间为载体协助残障农民实现就业、助推残障农民脱贫的新经验。主要经验与体会如下:

第一,扶志先"洗心"。设立扶贫车间是近年来山东等地实行的扶贫资金产业化的普遍做法,但是只有实现扶贫车间良性运转,为贫困户挣来收益,才能真正发挥其作用,才能推动扶贫攻坚工作进一步完善。扶贫车间的运行需要贫困村自己主持,这就需要破除"等靠要"的依赖心理,将优秀精神植入贫困地区,让无数颗立志脱贫的强大"内心"撑起扶贫产业,让扶贫产业"生"在人心里。

第二,扶智必"洗脑"。在脱贫攻坚的初期,经过各项扶贫政策的扶持,贫困户中具有一定脱贫能力的农户已经较大程度地实现脱贫,剩下的主要是因病、因残或者因劳动能力弱致贫的贫困户,这一类贫困户是否脱贫决定着脱贫攻坚能否打赢"最后一战"。因此,对这部分贫困户的帮扶,关键要让他们拥有可以谋生致富的一技之长,通过对他们进行合乎市场需要的技能培训让扶贫事业"植"入脑中。

第三，扶贫要"洗脸"。多年来的扶贫实践证明，以往"输血式"的扶贫忽略贫困户自身的主观能动性，不仅使贫困户形成"等靠要"的依赖心理，还造成了"争当贫困户，长期不脱贫""上级来查看，全是哭声一片"的奇怪现象，贫困阴霾始终笼在人"心"里，照在人"脸"上，无法实现长效脱贫。因此，需要高度重视贫困户的主观能动性，创造贫困户依靠自身能力创造合理收入的平台和空间，保证贫困户有尊严地脱贫致富，让扶贫成果"映"在人脸上。

公益职业教育阻断贫困的代际传递

——百年职校的免费职业教育扶贫模式

职业教育扶贫是指通过向贫困家庭子女提供职业教育，帮助其获得体面工作和稳定收入以摆脱贫困，从而阻断贫困代际传递的扶贫方式。职业教育扶贫在实施过程中会存在贫困学生家庭负担不起相关费用，教师教育质量无法得到充分保证，学生培养重技术轻素质等现象。为此，百年职校探索出了"公益职业教育"的扶贫模式，即利用社会各界力量免费为贫困家庭学生提供职业教育，同时注重教师教学质量与学生长远发展，有效解决了以往职业教育扶贫存在的难题，增强了精准扶贫效果，提高了贫困家庭子女的个人素质，培养了其工作技能，使他们通过有效就业提高生活水平。

截至2018年年底，百年职校在北京、成都、三亚、武汉、郑州、大连、银川、丽江、梅州、雷山等国内10个市县和安哥拉罗安达建立了公益分校网络，服务当地社会，推动教育可持续发展。百年职校累计接收家庭困难学生 6800 余人，4100 多名毕业生全部实现就业。北京分部的毕业生多数已经成为企业的骨干，进入管理层的毕业生月薪超过 1 万元。30% 的学生在工作之余还会报考其他学校接受继续教育，进一步提高个人能力和生活水平。

一、职业教育给贫困家庭孩子带来希望

中国是全世界较早形成完整教育体系的国家，自中国有信史之时，便有社会集资设立学校教导"礼（行为规范）""乐（审美情趣）"的记录。在中国上下五千年的历史里，教育——"师道"作为发掘人之善性的过程，以其对平民保有的温情，在通信技术仰赖书信、村落行政相对独立的情况下，维系了人民生活的平稳祥和。

现代职业教育包括职业学校教育和职业培训，在中国推进工业化进程后开始与普通教育分离。2012 年第三届国际职业技术教育与培训（TVET）大会发布的《上海共识》指出，职业技术教育与培训在应对青年与妇女的就业不足和失业、贫穷和贫困、城乡差异、缺乏粮食保障、接受卫生服务的机会不足等问题上有积极作用。

在中国，贫困家庭子女往往因经济困难、家长接受教育程度较低、地区教育水平落后等问题得不到良好的教育，无法通过提高自身的知识水平来改善家庭经济状况，因此形成恶性循环，导致贫困代际传递。也有些扶贫对象在脱贫以后，由于知识水平不足，个人发展能力较弱又再

一个都不能少：中国扶贫故事

次陷入贫困。因此，只有提高了个人发展能力和贫困家庭的内生动力，各项扶贫措施才能持续长期见效。

2005年，在社会各界一批爱心人士的支持下，社会企业家姚莉女士建立了中国第一所全免费的公益职业学校——百年职校。该校免费向家庭贫困子女提供正规的中等职业教育，将学生未来长期发展所需的人生技能和当前实现就业所需的职业技能训练相结合，解决其继续教育和就业问题。

百年职校首届毕业生

二、企业化办学，保证贫困生源与就业质量

（一）社会协作办学，完善管理制度

2005年，通过慈善募捐，姚莉女士整合社会资源解决了学校办学的资金与场地问题。学校实施企业化管理，由学校理事会作为最高决策机构，组织建立了一支包括人力行政、教学管理、学生工作和财务后勤的建校团队，制定了《百年职校理事会章程》，保证学校财政资金运用的透明度。

百年职校财务上执行严格的预算管控制度，并且分别于每公历年度与校历年度聘请会计师事务所进行财务审计，确保财务管理公开透明，符合国际会计准则与国内的相关政策法规。

学校还开发了"百年树"网络信息管理系统、全方位数据库，覆盖学校全部工作，将"区块链"的溯源思维运用于教育教学管理，建立质量管理系统和操作手册，设立教学质量督导。

（二）严控招生范围和渠道，专注贫困生源，以提高学生能力为目的

为了保证学校提供的免费教育资源不被他人占用，百年职校主要面向经济困难学生招生，家庭经济困难或者建档立卡贫困户生源是招收学

招生家访

生入学的首要条件。为确保资助的学生符合条件,百年职校充分借重地方政府相关机构组织,通过政府推荐、公益组织以及有公信力的推荐人推荐等方式招收家庭困难学生。

同时,为了确保经济困难学生不返贫,学校坚持教育以育人为目标,坚持全员德育,为学生设置以提高学生适应社会能力的人生技能课程与以培养学生获得就业机会能力的职业技能课程,使学生个人发展与家庭脱贫同步实现。百年职校实行3年学制,学生前两年在校学习,第3年赴企业实习并开始获得稳定收入,毕业后学生获得正规学历,能凭此学历找到理想工作或继续学习深造;学生在校期间的个人生活由学校保障,实习后的工资可以支持家庭经济,毕业后有稳定工作,可望帮助家庭实现脱贫。针对学生的实际困难，学校在保证学生所选择的课程适合个人的学习基础、学习节奏、兴趣特长与发展目标的情况下，还为每个学生量身定制了个人学习计划。

典型故事——彭世鑫对接受百年职校教育态度的转变

彭世鑫来自河南信阳一个偏僻的农村。在他 3 岁的时候，一辆满载稻谷的车从父亲的身上轧了过去，由于未能得到及时有效的救治，父亲的命虽然保住了，但是再也站不起来了。同年，彭世鑫的父母离异，年幼的他从此再没能感受到来自母亲的爱。如今，彭世鑫的爷爷奶奶都已经 80 多岁，架着双拐的父亲丧失了劳动能力，一家人的生活指望低保和来自政府的救济。

2017 年，彭世鑫刚到郑州百年职校第 5 天便递上退学申请，理由是"觉得在这里学不到东西"。

"我想学汽修。"彭世鑫对校长刘长香老师说道，"咱们学校这学期开的都是音乐、美术、文学之类的课程，每天还要做什么保洁、叠被子。我上过高中，想现在就上专业课，不然回头学不到技术，我就没法养活父亲了。"

听了彭世鑫的话，刘老师既开心又难过。开心的是，他出于对家人深沉的关爱，是因怕学不到技术而提出退学，但这么多年百年职校的毕业生都得到社会的高度认可，这个问题好解决；难过的是，这个孩子背后的辛酸故事和沉重的家庭负担。

为了缓解彭世鑫的焦虑，刘老师为他详细讲解了百年职校面向未来的课程体系以及人生技能教育的意义；在学校实习的闫锐锋学长得知情况后，又将自己"珍藏"的电工知识笔记赠给彭世鑫，让他了解未来良好的就业前景，包括所学知识在智能楼宇设备设施中的广泛应用；学校教务老师也积极与彭世鑫沟通，让他明白百年职校优质的全免费公益职业教育，能够使他的家庭负担降低至零……在老师和学长纷纷做工作之后，彭世鑫决定留下来试试。

如今，彭世鑫不仅融入了电工专业的学习，还加入了学生会纪律部，帮助老师开展工作。

（三）与企业密切合作，确保毕业生就业

为提高教学质量，百年职校与企业密切合作，多渠道引进教师人才，建立完整的教育和管理团队。学校聘任了多所高校的专家级教师与多位企业职业技能专家进入学校教学团队，建立起基础课和专业课两大教学团队。为了保证教育质量的提升，百年职校与教育领域具有行业影响力的资深专家合作，在学校新课程开发、教学法研究、教师团队培训等方面提供支持。

礼仪课

第三章 从个人到企业：扶贫开出"新处方"

职业教育的出口是就业。百年职校的扶贫模式是让毕业生毕业后立即实现就业。为此，学校与 200 多家企业合作，共同开设课程，建立实习基地。由于开设的课程符合市场需求，实习过程得到有效监控，百年职校的毕业生在就业市场上供不应求。

① 开展项目制教学

② 烘焙课

一个都不能少：中国扶贫故事

典型故事——王林与吉子曲布接受百年职校教育后的成长之路

　　来自河北省三河市的百年职校一期毕业生王林，因为家中贫困，为了给妈妈治病、供哥哥上学，放弃了上重点高中的机会，选择辍学打工。来到百年职校后，王林充分利用学校免费提供的职业教育，刻苦学习，积极钻研，一毕业就被一家物业公司录用。由于业绩突出，现在王林已经被任命为这家物业公司的经理，不仅帮助家里还清了所有债务，毕业后的他也没有忘记学校对他的培养，将被评为"北京市青年技术能手"获得的5000元奖金全部捐给了学校。几年来，王林共为学校捐款近两万元，用于支持学校的后续建设。目前，百年职校毕业生已经为学校捐款超过两百万元。

　　从四川省大凉山走出的彝族小伙、三亚百年职校的毕业生吉子曲布，因家庭贫困，来百年职校读书前从未穿过袜子。从百年职校毕业后，他被一个五星级酒店选中，逐渐成长为这家酒店的骨干员工。百年职校不仅改变了他的生活，还改变了他对生活的态度。每年，他都会回到自己家乡的孤儿院做志愿者，用自己的爱心回报社会。

① 毕业生王林和他的同学们
② 毕业生吉子曲布在孤儿院做志愿者

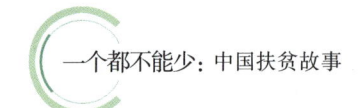

三、高质量免费职业教育开启脱贫正循环

从彭世鑫、王林和吉子曲布的例子中，我们可以看到，贫困学生家庭大多处于低教育水平、低教育期望以及低成就期望的状况，而贫困家庭在教育上被淘汰，"不仅是教育竞争的淘汰后果，有时也是农民家庭'理性决策'后的主动放弃"[1]。

因此，利用社会各界的帮助为贫困家庭子女免费提供教育机会，向底层贫困家庭普及教育的意义，就在于可以弥补弱势家庭的父母在社会资本、经济资本和文化资本上的缺陷，提高社会对贫困家庭子女教育培训的关注度，帮助其形成重视教育的观念。百年职校正是这样一个可以实现教育意义的公益平台。主要经验与体会如下：

第一，在社会资源动员方面，各类企业、个人、基金会对百年职校的建立与运作发挥了巨大支持作用。很多组织通过捐款捐物的形式为学校提供办学所需的资金和专业设备，多家单位通过项目合作的形式对百年职校给予支持。广泛调动社会力量，形成资源合力，为免费职教扶贫事业注入源源不竭的活力。

第二，在具体教学行为方面，百年职校作为社会公益团体，帮助贫困家庭学生脱离贫困的目标很明确。百年职校遵循"教育的目的是要使个人能够继续他的教育……不是要在教育历程以外，去寻觅别的目的，

---

[1] 周潇：《农村青少年辍学现象再思考：农民流动的视角》，载《青年研究》，2011年第6期。

把教育做这个别的目的的附属物"[1]的客观要求。为使贫困家庭学生的教育质量得到保障，百年职校建立起多元的教学质量评价机制与管理绩效考核机制，对教授课程科目超过20课时的授课教师与全职团队的管理水平进行评估。百年职校的教育目标管理体系为贫困家庭学生毕业后就业打下了坚实基础。

第三，在教学体系设置方面，百年职校着眼于学生未来成长能力，培养综合素质，建立了人生技能和职业技能两大课程体系。在保证就业的同时，着眼于学生未来持续成长，重视学生品德和自我学习能力的教育，多渠道鼓励学生进行自我管理，培养学生自我发展的能力，为他们将来进入社会、打破贫困代际循环打下坚实基础。

---

[1] 〔美〕约翰·杜威：《民主主义与教育》，王承绪译，北京：人民教育出版社，2001年版。

积极承担企业社会责任，助力毕节脱贫攻坚

——恒大的情怀："但愿苍生俱饱暖"

2015年11月，中共中央、国务院颁布《关于打赢脱贫攻坚战的决定》，提出要健全社会力量参与机制。2019年3月20日，国务院常务会议决定：自2019年1月1日起至2022年年底，对企业用于国家扶贫开发重点县、集中连片特困地区和建档立卡贫困村的扶贫捐赠支出，按规定在计算应纳税所得额时据实扣除；对符合条件的扶贫货物捐赠免征增值税。这一系列政策的出台，得到社会各界的广泛赞誉，推动了企业参与社会扶贫的热潮和全社会大扶贫格局的形成。

恒大集团（简称"恒大"）积极响应党中央号召，充分发挥民营企业的资金优势、产业优势、人才优势、渠道优势、信息优势和管理优势等，围绕产业扶贫、搬迁扶贫、就业扶贫等重点，积极创新企业扶贫方式，以"但愿苍生俱饱暖"的情怀主动承担社会责任，努力让贫困群众

过上幸福生活。

在全国政协鼓励支持下，恒大从 2015 年 12 月 1 日开始结对帮扶贵州省毕节市大方县。从 2017 年 5 月 3 日开始，由帮扶大方县扩展到帮扶毕节市全市 10 个县区。截至目前，恒大已捐赠到位 60 亿元扶贫资金，其中定向捐赠给大方县的 30 亿资金全部到位，协助毕节各级政府帮扶 58.59 万人初步脱贫，助力大方县、黔西县成功脱贫摘帽。到 2020 年，恒大还要协助毕节各级政府帮扶 44.41 万人稳定脱贫。恒大在扶贫工作中，政治站位高、行动速度快、规划编制细、投入力度大、参与程度深、帮扶举措准、结合主业多、资源整合广、台账系统实、社会影响好，是中国企业参与精准扶贫、精准脱贫的表率。

一、乌蒙山区的扶贫"硬骨头"

乌蒙山区，行政区划跨云南、贵州、四川三省，是中国贫困面最广、贫困程度最深的集中连片特困地区之一，是国家新一轮扶贫开发攻坚战主战场之一。该区贫困现象复杂、贫困类型综合，人均耕地少，生态环境脆弱，部分地区石漠化严重，是扶贫攻坚难啃的一块"硬骨头"。

毕节市位于贵州省西北部、川滇黔三省交界、乌蒙山腹地，是典型的高原山地，地势陡峭，山高谷深，平均海拔 2400 米，素有"八山一水一分田"的说法，仅石漠化面积就占其总面积的 24.36%，生态环境极其脆弱。由于人口密度大、耕地稀缺，人们大量进行陡坡耕作，导致森林覆盖率大幅下降，加剧了水土流失，生态日趋恶化，地震、滑坡、泥石流和干旱等各种自然灾害频发。

毕节市总面积2.69万平方公里，辖七星关区、大方县、黔西县、金沙县、织金县、纳雍县、威宁彝族回族苗族自治县、赫章县8个县（区、自治县）和百里杜鹃管理区、金海湖新区两个正县级管委会，263个乡（镇、街道），3657个村（社区），居住着汉、彝、苗、回等46个民族。截至2017年年底，全市常住人口665.97万人，户籍人口927.52万人。2015年年底恒大集团进入毕节开展扶贫工作时，当地贫困人口115.45万人，其中大方县贫困人口18万人。

20世纪80年代，毕节市经济落后、生态恶化、人口膨胀，人民生活十分艰难，陷入了"越穷越生—越生越垦—越垦越穷"的恶性循环怪圈。1988年6月，在时任省委书记胡锦涛同志的倡导下，国务院批准建立毕节"开发扶贫、生态建设"试验区，开启了治山治水、治穷治愚探索实践的新征程。2014年5月15日，习近平总书记对毕节试验区作出重要批示，赋予了毕节试验区"为贫困地区全面建成小康社会闯出一条新路子"和"在多党合作服务改革发展实践中探索新经验"的历史使命。

二、牵住精准扶贫"牛鼻子"

帮扶毕节，恒大牢牢抓住精准扶贫的"牛鼻子"——产业扶贫、易地搬迁扶贫和就业扶贫。

（一）产业扶贫——家有恒产可脱贫

恒大无偿捐赠48亿元，帮助毕节打造中国西南地区两大基地，一个是最大的蔬菜瓜果基地，一个是最大的肉牛养殖基地，帮助20万户、70万贫困人口发展蔬菜、肉牛以及中草药、经果林等特色产业，并引进上下游龙头企业，形成"龙头企业＋合作社＋贫困户＋基地"的帮扶模式，实现"供、产、销"一体化经营。

第一，引进国际领先农业技术，助力蔬菜产业提质增效。毕节低纬度海拔高，是典型的夏凉山区，非常适合种植高品质高山冷凉蔬菜。恒大结合当地实际大力发展蔬菜产业，通过援建育苗基地、节水灌溉和蔬菜大棚等农业基础设施，扶持互助合作社组织带动贫困户发展生产。同时引进蔬菜上下游龙头企业，并配套建设蔬菜集散中心，借助"互联网＋"的手段，根据市场需求指导育苗中心生产。蔬菜成熟后，由集散中心到田间地头向合作社现场收购，然后集中洗、拣、分，把绿色蔬菜供给到全国各地。恒大集团这种"供、产、销"一体化的蔬菜产业精准扶贫模式，解决了农户"不知道种什么、不知道种多少、不知道卖给谁"的根本性问题，确保了贫困户持续增收、稳定脱贫。

目前，恒大已经帮助毕节建成60980个蔬菜大棚，建成36.7万亩蔬菜大田基地、28.8万平方米蔬菜育苗中心、68处存储及初加工基地。

以恒大援建纳雍县革新村蔬菜大棚基地为例，村民以前在这片

1000多亩的土地上种植土豆、萝卜、花豆等作物，耕作方式粗放且自然环境较差，时旱时涝，老百姓一年辛苦到头每亩地收入1000元左右，大量土地甚至被荒弃。2017年5月，恒大集团结对帮扶后，在该村建设蔬菜大棚1100多个，采用以色列滴灌系统的先进技术发展生产。投产半年多，该基地已经成为纳雍县最大的蔬菜大棚基地，不仅产量较之前大幅提高，每年还带动周边贫困户通过务工和年底分红获得收入，户均纯收入近2万元，比之前增加了10多倍。

第二，引进优质基础母牛，带动当地产业结构升级。毕节自古有养牛的传统，受限于当地土牛品种不良，传统养牛业经济效益低。针对这一现状，恒大计划通过引调繁育10万头纯种安格斯牛和西门塔尔优质基础母牛，建设10万头饲养规模的养殖基地，引进200万枚国外优质冻精，改良50万头当地土牛等途径，全面助推毕节市优质肉牛产业发展，并以点带面迅速带动全产业链条的发展，形成良种繁育、饲料加工、疫病防治和市场营销四大体系，为全市脱贫攻坚奠定了坚实的产业基础。此外，以肉牛产业发展饲草料为基础，恒大和当地政府一道，引导贫困群众大力发展青贮玉米种植，待成熟后由恒大引进的肉牛产业上下游龙头企业按订单收购，切实确保了当地贫困户增收脱贫。这种带动"粮食改饲料"的做法也加快了毕节市产业结构调整。

截至目前，恒大已帮助毕节建成9万头饲养规模的养殖基地，引调并繁育72945头优质基础母牛，改良27万头土种牛，建成了31万亩高产优质饲草料基地。

大方县马场镇新丰村贫困户卢放林，原来家里所有的7亩地都种植玉米，每亩收入800元左右。经恒大帮扶后，卢放林家里的土地全部改种青贮玉米，亩产3.5吨左右，龙头企业按照每吨450元收购，卢放林家每亩收入比之前增加了1倍，还节省了劳动力。光青贮玉米1项，卢放林家就比之前增收5000多元。恒大计划助力毕节全市发展50万亩高产优质饲草料基地，光这1项就能带动当地创收8亿元。

第三，因地制宜培育特色产业，助力形成规模化发展。"黔地无闲草，遍地是灵药"，毕节自古就有种植中药材、食用菌及经果林等产业的传统。针对乌蒙山区独特的生态、气候，恒大计划帮助毕节建设25万亩经果林基地、25万亩中药材基地，助力传统产业规模化、集约化发展。目前，已建成13.9万亩中药材、食用菌基地，23万亩经果林基地。

（二）易地扶贫搬迁——生活看得见希望

针对基本丧失生产生活条件的贫困群众，恒大集团依托县城和工业园区等，无偿捐赠53亿元，在毕节10个县区建设了12个移民搬迁社区及50个新农村，解决全市22.18万贫困群众的移民搬迁问题。恒大还为每个搬迁户配备了家私家电等基本生活用品，方便贫困户入住，实现贫困户拎包入住，同时为安置区同步配建教育、商业等设施，配建适宜老百姓就业的产业项目，确保贫困群众"搬得出、稳得住"，实现可持续脱贫。

截至2019年底，毕节全市已搬迁18.18万人，预计2020年6月底前剩余4万人将全部搬迁入住。

典型故事——丁学志家搬迁后的喜人变化

大方县安乐乡白宫村的丁学志，原来一家五口人挤在一间不到30平方米的破败不堪的老房子里。由于丁学志患有血液病，不能干重活，也无法外出打工，全家收入来源仅靠种植两亩地，年收入不到2000元，而且二女儿又患有智力残疾，一家人生活捉襟见肘。经恒大帮扶后，丁学志一家搬进了大方县城移民搬迁社区奢香古镇里，丁学志也进入恒大援建大方县的纯种安格斯牛第7育种场工作。如今，丁学志已成为该育种场场长，不仅包吃包住，每个月还有4000元的工资。丁学志的小女儿目前在奢香古镇配套的恒大十一小读六年级，一家人生活越来越好。

（三）就业扶贫——"一人就业，全家脱贫"

恒大组织贫困群众进行职业技能培训，计划推荐8万贫困家庭劳动力到恒大引进的上下游企业、恒大下属企业和战略合作单位就业。目前，毕节全市有113217名贫困群众参加了恒大组织的职业技能培训，其中75461名贫困群众被推荐到当地产业就业和异地就业，人均年收入4.2万元，实现了"一人就业，全家脱贫"。

此外，恒大在毕节市大方县还实施教育扶贫和特殊困难群体生活保障扶贫。11所小学、13所幼儿园、1所完全中学和1所职业技术学院已建成投入使用，并与清华大学合作引进了远程优质教育资源。另外，1所敬老院、1所儿童福利院也已竣工交付并投入使用，1所慈善医院已竣工交付。

第三章 从个人到企业：扶贫开出"新处方"

典型故事——赵庆荣接受恒大就业培训后全家摆脱了贫困

威宁县新发乡联合村的赵庆荣，由于学历低，缺乏劳动技能，以前只能在种地之余打点零工补贴家用，3个哥哥姐姐每年的学费、生活费让这个本就贫困的家庭举步维艰。经恒大帮扶后，赵庆荣参加了恒大组织的吸纳就业培训，通过培训后进入恒大援建的大方县纯种安格斯牛第3育种场工作，从一名饲养员开始做起。仅仅用了两年时间，凭着好学、钻研和踏实的工作干劲，赵庆荣成了有着1400多头纯种安格斯牛的第3育种场场长，管理着5位员工，每月的工资也涨到了6000多元，不但使家庭摆脱了贫困，还得以帮助哥哥姐姐们继续完成学业。

三、运用市场化手段建立长效扶贫机制

恒大集团在帮扶毕节市脱贫过程中，坚持精准扶贫、因户施策、因人施策；坚持"输血"与"造血"并举；坚持既要"见效快"，更要"利长远"，运用市场化手段，建立长效脱贫机制，探索出可复制、可推广、可借鉴的帮扶模式。主要经验与体会如下：

第一，直接参与，全方位投入，是企业助推脱贫攻坚的重要途径。恒大不仅出资金，更重要的是出人才、出技术、出管理、出思路。从全集团系统选拔了321名优秀的扶贫干部和1500名本科以上学历的扶贫队员，与大方县原有的287人的扶贫团队组成2108人的扶贫队伍，常驻毕节市扶贫前线，与当地干部群众并肩作战，工作到村、包干到户、

责任到人。通过有效探索，恒大变点式帮扶为整市帮扶，变间接帮扶为直接参与，变单一捐资为立体帮扶，变"大水漫灌"为"精准滴灌"，并通过以扶引商和转变发展观念等方式，持续激发贫困群众脱贫的内生动力。

第二，政企联合，分工协作合力扶贫，是企业参与扶贫的有效方式。坚持党委领导、政府主导，是实施精准扶贫、精准脱贫的关键。在贵州省各级党委、政府的高度重视、坚强领导下，恒大创新工作机制，与当地干部群众齐心协力、并肩作战。恒大在集团内部成立扶贫办，在毕节市各县区成立扶贫管理公司；毕节市各县区政府成立恒大帮扶工作指挥部，建立政企联席会议制度，每月定期通报进展、协商规划、解决问题。各级党委、政府发挥政治优势和组织优势，负责群众组织、项目审批、土地协调、基础配套、数据统计等，确保帮扶资源精准对接建档立卡贫困户。企业管理团队，发挥决策执行效率高的优势，负责项目建设、经营主体引进、协助运营管理等，政企之间各司其职、相互协作，形成强大合力，确保脱贫工作按计划保质保量推进实施。

第三，精确识别，实现精准帮扶，是企业参与扶贫的核心内容。在毕节各级党委、政府大力支持下，恒大严格按照"六个精准"的要求，2108名扶贫队员用3个月时间走村入户，深入了解贫困户基本情况，累计总行程200多万公里，采集了毕节全部34万户、100多万贫困老百姓的详细信息。在精确识别的基础上，恒大扶贫团队运用互联网技术和大数据技术建立"精准扶贫大数据管理系统"，对数据库的海量资料和信息进行全方位、多维度的汇总、统计和分析，形成贫困户发展意愿分布、精壮劳动力分布、家庭结构分布、致贫原因分布等39个子数据库。根据贫困群众的发展意愿，恒大因地制宜制订帮扶计划，通过产业扶贫、搬迁扶贫、就业扶贫、教育扶贫和保障扶贫等综合措施，建立全方位系统化帮扶体系，并对帮扶措施覆盖情况进行动态管理。

第四，高效执行，实现目标计划管理，是企业参与扶贫的有力手段。恒大制定的毕节市10县区帮扶方案及实施计划，秉承企业独有的"目标计划管理"体系，对所有工作目标任务都量化到项目、到岗位、到个人，计划、目标分解到年、半年、季度、月和周，调度到日，既保证进度，又保证质量。同时，恒大扶贫团队秉承从严管理、重罚重奖的企业管理文化，设立综合计划部、监察室、打击官僚主义办公室等完善的监督检查体系，对工作计划和目标完成率实现有力监督，确保以强大的执行力精准快速推进各项扶贫工作。

第五，市场导向，建立长效脱贫机制，是企业参与扶贫的主要方向。产业扶贫，是实现永久脱贫的根本。恒大与当地政府一道，运用市场手段把分散的土地适度集中，连片建设产业基地；把一家一户的农民组织起来，组建合作社进行合作劳动；同时引进上下游龙头企业，根据市场需求指导生产。这种"龙头企业＋合作社＋贫困户＋基地"的生产经营模式，整合产业链各个环节，建立起持久的、可内生发展、互利共赢的市场化合作机制，为贫困农户规避市场风险、实现稳定增收奠定了坚实基础。

互联网助力中国扶贫

——阿里巴巴脱贫基金实践"互联网 + 扶贫"模式

中国国土辽阔,资源分布不均,一些偏远农村地区面临产品走不出去、资源进不来的困境。随着近年来互联网的发展,农村扶贫工作焕发出新的活力。"互联网 + 扶贫"的模式,让农村贫困地区与外界建立起广泛联系,为贫困农户提供了脱贫致富的新路子。

作为中国互联网领域领军企业之一,阿里巴巴集团(简称"阿里巴巴")注资百亿成立脱贫基金,利用自身的资源优势,将电商、生态、健康、女性、教育五个领域与扶贫相结合,探索出了可持续、可参与、可借鉴的"互联网 + 扶贫"新模式。经过近几年的努力,阿里巴巴脱贫基金在电商扶贫领域,为贫困村民提供创业致富和工作机会,使贫困山区形成了特色产业与品牌;在生态扶贫领域,不仅培养了用户的环保意识与习惯,通过线上线下资源整合,在生态脆弱地区种植了一批保护林,并发展当地生态产品,有效改善当地贫困人口的生活环境与质量;

在健康扶贫领域，"顶梁柱"项目补充政府保障，使建档立卡贫困户住院的报销比例约达95%，并汇聚了社会公益资源，为贫困劳动力提供有效保障；在女性扶贫领域，"魔豆妈妈"与"加油木兰"等项目为贫困女性提供了创业与就业渠道，推动妇女经济社会地位提升；在教育扶贫领域，阿里巴巴脱贫基金为乡村教育培养了一批领路人，为广大寒门学子开辟了电商就业新路径。

阿里巴巴集团创始人马云曾说过，"贫是物质贫乏，穷是缺乏希望。脱贫，更要脱穷，只有充满希望，才能走向致富"。阿里巴巴用互联网技术赋能精准扶贫，助力乡村振兴，并以平台力量撬动更多社会资源参与，让更多的企业、机构和公众参与脱贫攻坚，给贫困百姓带来的不仅是脱贫的出路，更是脱穷的希望。

一、互联网与脱贫攻坚的交响乐

习近平总书记在2016年网信工作座谈会上发表的讲话中提到，"可以发挥互联网在助推脱贫攻坚中的作用，推进精准扶贫、精准脱贫，让更多困难群众用上互联网，让农产品通过互联网走出乡村，让山沟里的孩子也能接受优质教育"[1]。电子商务纳入扶贫开发体系中，能够为贫困地区群众赋能，促进创业增收，由"输血式"扶贫向"造血式"扶贫

---

[1] 《习近平在网络安全和信息化工作座谈会上的讲话》，新华网，2016年4月19日，http://www.xinhuanet.com/politics/2016-04/25/c_1118731175.htm。

转换。2016 年，16 个国家部委单位联合印发《关于促进电商精准扶贫的指导意见》，旨在引导和鼓励电商企业建立电商服务平台，促进商品流通，为贫困地区人口增收拓宽渠道。

在党中央与国家政策支持下，阿里巴巴集团于 2017 年 12 月正式启动"阿里巴巴脱贫基金"，并将脱贫工作列为集团战略业务，助力脱贫攻坚工作。阿里巴巴承诺将在未来五年投入 100 亿元参与脱贫攻坚，从电商脱贫、生态脱贫、健康脱贫、教育脱贫、女性脱贫五大方向设计和探索，帮助贫困地区从根源上脱贫，探索可持续、可参与、可借鉴的"互联网＋脱贫"模式。

二、五大方案，促进"输血式"扶贫向"造血式"扶贫转变

（一）电商扶贫：多方合作打造电商扶贫模式

为了帮助贫困百姓培育优势产业、提高销售收入，阿里巴巴利用互联网优势，打造了平台模式、"一县一品"和直播模式。

平台模式采取"选""输""育"三步走。第一步通过阿里巴巴大数据，结合所在地区优势，遴选出最具竞争力与发展潜力的农产品；第二步借助阿里巴巴营销资源，依托当地政府配套资源，打造农产品市场竞争力；第三步通过电商培训、品牌传播等活动，帮助贫困县培养电商

服务商。

"一县一品"模式在科技赋能、供应链输入与品牌打造3个环节发力。在技术领域，整合了物联网、国外先进农业技术等，提升农作物产品品质；在供应链环节，建立产销两端品控体系，对接阿里巴巴零售资源，提升物流效率；在品牌领域，着力打造贫困县优质农产品。例如，阿里巴巴通过统领品牌、服务、品质和物流等方式，帮助重庆市奉节县打造了知名脐橙品牌，并为贫困户提供低成本的贷款服务，支持他们创业。在电商脱贫的带动下，奉节脐橙在阿里巴巴的销售量4年间增长了20倍，活跃经营商家数量增加了4倍。

直播模式采用了新型销售手段，通过"网红＋县长（村干部）＋明星"效应，形成网络热点，从而帮助贫困县实现销售增收。阿里巴巴淘宝为贫困县专门开辟了"脱贫直播频道"，并开展线上线下直播技能培训，为消费者与贫困县农产品之间搭建桥梁。

2018年12月5日晚，阿里巴巴与共青团中央、新浪微博联合举办了"2018脱贫攻坚公益直播盛典"。来自全国50个贫困县的102个农产品亮相淘宝直播，在淘宝网红主播与贫困县县长的推介下，4个小时内吸引观众1000余万，帮助销售农产品超过1000万元。

（二）生态扶贫：让"绿水青山"变成"金山银山"

在农村建设中，如何平衡好环境保护与经济发展两大任务，关乎当代与后代人的发展。阿里巴巴以蚂蚁森林[1]为生态脱贫的主要落地平台，通过"经济林模式"和"保护地模式"两种方式实现生态保护和经济发展的良性循环。蚂蚁森林连通用户、保护地和贫困地区，使用户得以"认领"生态脱贫县域内新增的保护地或生态经济林；在保护环境的同时，发展出来的环境友好型产品也将通过蚂蚁森林平台推广给3亿用户，为贫困地区提供多元的致富渠道。

"经济林模式"是在生物多样的贫困地区，建立公益型保护地，并在蚂蚁森林上线，同时通过"一县一品"打造生态友好型产品，帮助贫困地区提升生态品牌价值，带动增收。例如，在熊猫的故乡——四川平武，建立了"平武自然保护地"，通过互联网技术整合生态环境保护成果，推动生态价值向商业价值的转化。2018年5月，平武保护地在"蚂蚁森林"上线，短时间内，1823万平方米保护地被1179万用户认领完毕。同时，阿里巴巴通过电商平台推出了"平武蜂蜜"品牌，限量预售平武保护地内的生态蜂蜜产品，几分钟内销售了10000瓶，成了网红平台。

"保护地模式"是在中西部贫困地区种植兼具生态价值和经济效益的经济林树种，在改善环境的同时，助推可持续发展。2018年11月，首个生态经济林树种沙棘在蚂蚁森林上线，仅一天时间里，314万用户名将超过2.35万亩沙棘树兑换一空。沙棘做成的"MA沙棘"果汁在阿里电商平台出售，以及由当地企业和百姓协助售卖，部分收益将首先

---

[1] 蚂蚁森林是阿里巴巴支付宝客户端的一款公益行动：用户通过步行、公交出行、在线缴纳水电煤气费等行为，能够减少相应的碳排放量，可以用来在支付宝里养一棵虚拟的树。当虚拟树长成后，蚂蚁金服和公益合作伙伴就会种下一棵真树，或守护相应面积的保护地。

用于反哺当地生态造林和贫困户。

（三）健康扶贫：救助一个人，撑起一个家

为了解决农村家庭中因病致贫、因病返贫的难题，2017年，阿里巴巴集团与蚂蚁金服、中国扶贫基金会共同发起"顶梁柱"健康扶贫公益保险项目，为国家级贫困县18—60岁的建档立卡贫困户免费投保，为农村家庭中的主要劳动力提供保障。"顶梁柱"项目资金来源由两部分组成：一是通过阿里巴巴公益和蚂蚁金服公益两个互联网公益平台面向公众募捐；二是通过互联网和公募基金会，广泛动员企业、政府部门、社会组织等社会力量参与。

与传统公益保险项目相比，"顶梁柱"项目突出智能方式，融入了移动支付、图像识别等技术。受保人通过支付宝上传相关理赔单据，图像识别检测将自动识别图像类型，提取文字信息，从而对关键核赔因子进行识别。新技术充当了理赔人员的眼睛和大脑，不仅帮助保险公司大大降低了后端理赔及服务成本，使得90%的项目善款可用于理赔，同时更保障了项目的高效能和透明度。

在理赔程序方面，只要村里有一个人有支付宝，输入受保人信息就可以看到整个村（县）的投保情况，并在线完成保单查询、发起理赔申请。这意味着，"1个村干部+1个支付宝"就可以帮扶一个村子的贫困广落实保险，大大提高了扶贫工作的工作效率。

截至2018年12月，"顶梁柱"项目带动3.6亿公众、112万商

家产生了 27 亿笔公益捐赠，累计筹款 1.36 亿元。项目已为 425 万人次建档立卡贫困户提供保险（2017 年 12 月为 81 万人次），覆盖来自 12 个省区 66 个贫困县，包括 17 个深度贫困县、7 个"三区三州"[1]贫困县。

典型故事——高开朝住院报销比例"比公务员还高"

在云南省鲁甸县，49 岁的农民高开朝因意外跌落摔断骨盆，治病开支巨大，卧床半年期间，一家人断了家庭生计。幸运的是，政府针对贫困户健康医疗提供了多重保障，高开朝只需自付 4860 元。在此基础上，"顶梁柱"保险项目再次为他赔付 4237 元。这样算下来，2017 年高开朝住院仅花了 623 元。当地村民感叹，有了这些保障，贫困户住院的报销比例"比公务员还高"。

（四）女性扶贫：为乡村女性的发展持续赋能

贫困地区女性普遍存在就业困难、保障欠缺的问题，发展面临很大限制。阿里巴巴借助数字经济体的平台和技术优势，通过"产业扶持、保险保障、培育教育"等举措，为弱势群体创造更包容、更公平的创就业平台，以帮助贫困地区女性摆脱贫困，实现社会价值。

---

[1] "三区三州"：中国自然条件差、经济基础弱、贫困程度深的深度贫困区，80% 以上区域位于青藏高原区。"三区"：西藏，新疆南疆四地州和四省藏区（青海藏区、四川藏区、云南藏区、甘肃藏区）。"三州"：甘肃的临夏州、四川的凉山州、云南的怒江州。

"魔豆妈妈"原本是网友对坚强的苏州癌症老师周丽红的昵称,称赞她积极的人生态度。为了更好地帮助像周丽红那样自强不息的困难母亲,自2006年起,阿里巴巴旗下淘宝网与中国红十字会启动"魔豆爱心工程",帮助女性创业,实现梦想。同时,阿里巴巴还搭建了"魔豆妈妈公益官方店",集合"魔豆妈妈"的优质商品进行集中展示,并由淘宝大学资深运营专家对入驻的"魔豆妈妈"进行一对一辅导,将店铺打造为困难女性电商创业就业的"孵化基地"。

此外,阿里巴巴、支付宝还携手中国妇女发展基金会和保险公司等共同开发出"加油木兰"产品,旨在为国家级贫困县建档立卡贫困女性提供覆盖全生命周期(0—100岁)的保障。基金会还针对0—3岁儿童早期发展推出了"养育未来"计划,在贫困地区建立养育中心,招募培养乡村女性为养育师,为当地儿童提供科学育儿指导,同时助力当地乡村女性成为脱贫力量。

截至2018年年底,"魔豆妈妈"项目累计培训女性13200人次,实现上岗就业8100余人。"加油木兰"项目已有超过6310万爱心网友与宁陕、巴东、元阳3个试点贫困县的10万建档立卡贫困女性结对帮扶。"养育未来"项目在陕西省宁陕县建成10个养育中心和1个养育服务点,30名养育师服务了548名6—36个月的儿童以及1040位照养人。

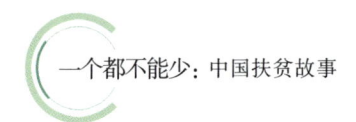

典型故事——黄银华"魔豆妈妈"由接受扶贫到扶持别人

黄银华是武汉阳光职业技术培训学校校长,也是一位被阿里扶持的残疾"魔豆妈妈"。2009年,生活困窘的她得到了淘宝"魔豆爱心工程"的支持,领取了1台电脑和1万元启动资金,在淘宝开店做起二手相机买卖,没想到第一年年销售额就达到了200万元。2010年,她创办了阳光职业培训学校,专门为残疾人提供免费创业培训。多年来,阳光学校已培训超过2万人,形成了良好的社会效应。

(五)教育扶贫:让寒门学子上好学、就好业

人才是乡村发展的希望,阿里巴巴脱贫基金致力于培养乡村教育者和开展职业培训,助力乡村基础教育发展。

从2015年开始,基金会发布"马云乡村教师计划",每年为100名乡村教师提供总金额为1000万元的奖金资助和持续3年的专业发展支持。此外,基金会还发起了"马云乡村校长计划"和"马云乡村师范生计划",分别计划在10年内投入约2亿元寻找和支持优秀乡村校长,以及在10年内投入至少3亿元,选拔应届优秀师范毕业生成为乡村教师,培养未来的乡村教育者。2018年,基金会支持的"马云乡村寄宿制学校计划"在全国5所贫困地区学校试点,通过"企业—基金会—教育系统"3方合作,旨在为儿童提供快乐创新的课余活动、家庭式宿舍生活管理,打造健康生活、阳光成长的寄宿制学校。

助力基础教育的同时,阿里巴巴脱贫基金还大力支持职业培训,产

教融合，促进寒门学子就业。阿里巴巴整合集团资源，为寒门学子提供电商、云计算等免费的认证培训与考试机会，帮助他们提升就业能力，并搭建钉钉新校招、淘工作等互联网就业平台，助力寒门学子就业。

截至2018年年底，乡村教育计划共有623个贫困县参与项目申报，参与的乡村学校超过2000所，影响学生人数超过25万。脱贫基金在贫困县建立9个电商培训基地，累计培训26万人次，并为超过20万的寒门学子提供就业岗位信息。

三、互联网助力扶贫新模式

阿里巴巴脱贫基金的"互联网+扶贫"模式，使科技与产业收益惠及贫困农民、妇女、儿童、病残等群体，体现了电商扶贫的优势。主要经验与体会如下：

第一，"公益心态"与"商业手法"相结合，是一种有效的现代扶贫路径。以公益为社会责任担当，从商业的角度剖析贫困问题、谋求脱贫出路，既能调动社会资源，又能提高扶贫效率。以电商扶贫为例，阿里巴巴通过平台模式、"一县一品"和直播模式，调动了群众积极性，连接广大社会资源，使贫困村获得发展机遇。同时，培养了一批电商能手，打造了新时代"淘宝村"，为贫困户建立了可持续的脱贫渠道。

第二，注重科技赋能，可为生产"加油"、为脱贫"提速"。以健康扶贫为例，阿里巴巴利用"移动支付、图像识别"技术促进理赔识别

智能化，通过"1个村干部+1部手机"，实现全村贫困户医疗理赔，极大地提升了扶贫工作效率。科学技术能够创新扶贫方式，能够为贫困户带来更精准、便利的服务。

第三，撬动生态力量，能帮助贫困地区把"绿水青山"变为"金山银山"。阿里生态脱贫模式搭建了蚂蚁森林这样的跨界平台，通过发展"注意力经济"，让普通网友以线上行动支持贫困地区。此外，阿里巴巴整合集团的电商、培训、新零售、技术等资源，充分发挥了企业的技术与资源优势，帮助贫困地区将资源变为财富，带领贫困户走入脱贫"快车道"。

第四，激发社会参与，有助于促进贫困地区可持续发展。阿里巴巴脱贫基金支持乡村教育事业，引导社会资源关注乡村教育者与学生发展，为乡村振兴培养有生力量。此外，脱贫基金还注重与政府部门、其他企业、公益组织及公众的联动，不仅实现了市场培育，更带动了全民参与脱贫攻坚。

第四章 从亚洲到非洲：
中国扶贫"走出去"

消除贫困，自古以来就是人类梦寐以求的理想，是各国人民追求幸福生活的基本权利。如何找到一条适合自身、富有成效的减贫道路，是广大发展中国家面临的重要任务。改革开放以来，中国在致力于自身发展的同时，向亚洲、非洲、拉丁美洲、加勒比、大洋洲和东欧等地区 120 多个发展中国家提供了一系列发展援助项目，有力地支持了这些国家和地区的民生改善和社会经济发展。

中国的脱贫攻坚战谱写了人类反贫困史上的辉煌篇章，赢得了国际社会的广泛关注。联合国秘书长古特雷斯在致 2017 年"减贫与发展高层论坛"贺信中，称赞"精准减贫方略是帮助贫困人口、实现《2030 年可持续发展议程》宏伟目标的唯一途径。中国已实现数亿人脱贫，中国的经验可以为其他发展中国家提供有益借鉴"。从中国和平发展基金会在老挝实施教育扶贫示范项目，到在蒙古进行"立体式"公益扶贫模式探索；从中国国际扶贫中心在柬埔寨开启乡村减贫合作示范项目，到在非洲建立第一个村级示范项目中坦村级减贫学习中心——中国减贫经验与实践正在走出国门，走向世界，为国际减贫事业贡献中国智慧和力量，提供中国方案。

第四章 从亚洲到非洲：中国扶贫"走出去"

为了命运共同体那一端的需要
——援助老挝教育公益项目的实践探索

中国和老挝是山水相连的友好邻邦，两国人民之间的传统友谊源远流长。2009年，两国建立全面战略合作伙伴关系；2017年，两国宣布构建具有战略意义的命运共同体；2019年4月，两国元首签署《关于构建中老命运共同体行动计划》。

老挝是世界上最不发达的国家之一，经济来源以农业为主，工业基础薄弱，医疗、基础教育设施短缺，国内民生领域建设长期面临巨大资金压力。老挝是"一带一路"沿线重要国家。根据习近平总书记提出的"扶贫先扶智""让贫困地区的孩子接受优质的知识教育，是扶贫开发的重要任务"等指示要求，中国和平发展基金会（简称"基金会"）多年来在老挝重点围绕教育领域，通过援建学校、添置教具、引入汉语教学、组织学生访华等多种方式，持续实施教育公益项目。

截至2019年5月，基金会在老援助项目已累计投入255万美元，共计援建学校12所，已完工并交付使用7所，其他5所将于2020年完工。为表彰基金会为老挝教育社会事业作出的贡献，老挝党和政府分别于2016年和2019年向基金会颁发老挝国家二级、一级发展勋章和证书，并举行了隆重的授勋仪式，老挝国家电视台对此进行积极报道并在全国范围播放。

一、以教育为切入点，积极参与对老挝扶贫开发工作

老挝实行革新开放30多年，人均国内生产总值从1986年的432美元提高到2018年的2600美元，平均每年有5000多个家庭实现脱贫。这对现阶段的老挝而言已经是个非常难得的成就。但目前老挝仍有6.45万贫困户，约占全国家庭总数6%，扶贫减贫工作任重道远。老挝党和政府对此高度重视，决心在今后几年内摘掉"欠发达国家"的帽子。中国作为老挝全面战略合作伙伴，致力于共建中老命运共同体，多年来重视加强与老挝的扶贫开发务实合作，努力为其提供积极帮助。

中国和平发展基金会成立8年来，始终把对老挝的帮扶工作摆在重要位置，多次组织人员赴老挝实地考察，积极与老挝方面进行接触，了解对方在民生领域的需求。考虑到教育是立国之本、强国之基，教育亦是扶贫脱贫的重要手段，基金会经过内部多次集体研讨论证，决定将老挝列为基金会对外实施教育援助项目的重点对象国。

二、实施教育扶贫示范项目——援建中老友好农冰村小学

农冰村小学位于万象市占塔布里县境内,距市中心约 5 公里。学校校舍由当地村民于 1964 年集资兴建。校舍共两排,1 排单层 3 间,1 排单层 5 间,年久失修,设施破损情况较为严重,教学设备用具严重匮乏,娱乐设施更是空白,是该县所有小学中硬件最差的一所。该校所在区域已列入万象市新建开发区建设规划,当地人口较为密集,适龄儿童入学需求量大,全村就学需求约为 500 人,并有进一步上升趋势。然而,由于条件所限,学校只配有 6 名教师,仅能接收 125 名学生。只有通过对校舍的改扩建才能大幅提高该校纳员能力,基本满足当地儿童入学需求。

(一)大力改善学校硬件设施条件

2012 年 2 月和 4 月,基金会派工作组对该校进行了两次实地考察并做出初步预算,决定与老挝人民革命党(简称"人革党")中联部指导下的民间组织——老挝和平与团结委员会(简称"和团委")合作,由基金会出资 42 万美元在该校原址上修建总建筑面积约为 800 平方米的新校舍。基金会与老挝和团委商定合作框架协议后,在两国高层领导的见证下正式签约。

一个都不能少：中国扶贫故事

根据协议，该项目由老方根据有关规定组织工程招标、安排工程监理及验收；基金会分四期向老挝和团委拨付工程款，其间，老方向中方提交工程承包合同、项目实施进度报告、资金使用情况报告、工程监理报告、主体工程验收报告等。中方多次明确要求，要强化项目资金和工程质量监管，确保用好援助款项的每一分钱。

2013年5月，援建的教学楼完成交接并投入使用。楼内现有幼儿班教室2间、学前班及1—5年级教室各1间、会议室兼图书馆1间。学校有教师12名，学生229名。根据老方要求，基金会随后又出资约11.4万美元为学校提供了包括投影仪、电脑、单反相机、乒乓球台、各种书籍和教学用具在内的文教用品。

如今，农冰村小学的教学环境和教学条件得到很大改善和提高，软硬件条件均达到当地领先水平，学校被评为万象市"示范学校""美丽

中老友好农冰村小学新校舍

中老友好农冰村小学学生在新校舍开心合影

校园"。很多距离学校较远的适龄儿童也会被家长慕名送到农冰村小学就读。良好的教学条件也让农冰村小学在当地承担了更多任务。每年，占塔布里县的教师培训和一些大型会议都会安排在农冰村小学进行。

（二）大幅提升学校"软件"水平

除了良好的教学条件，开设汉语课程也是中老友好农冰村小学的一大亮点。基金会向国家汉办申请派出两名汉语教师志愿者长期驻校工作，并专门划拨项目经费支持老挝和团委改善志愿者生活和工作条件，为其安于岗位、专心教书提供了必要的保障。如今，学校1—5年级全部开设汉语课程，学生普遍能掌握简单汉语会话能力。此外，还开设了中国书法、水墨画体验活动课和剪纸课等。学校的软件建设得

中老友好农冰村小学学生学习汉语

到大幅提升。

　　汉语课程得到了当地老师、学生和家长的一致支持和欢迎。农冰村小学汉语教师志愿者林婕妤、姚昌华介绍说，学校的老挝教师对汉语教师非常友好，在工作和生活方面都给予了她们很多关心。每到泼水节等老挝重大节日的时候，老挝方面的教师都会主动和汉语教师商量在学校安排中文节目的表演。每到中国春节的时候，校方也很支持汉语教师在学校开展庆祝春节的活动。

　　当地学生对于汉语课程更是十分喜欢。"每天都会有学生跑来问我们，今天他们班有没有汉语课？要是有，他们就会很高兴，互相传达这个消息；如果没有，他们就会垂头丧气。"姚昌华说，"在当地，如果一个人掌握汉语，找工作时的优势就很大。希望学习汉语的经历，能够像一颗种子一样，在学生们的未来生活和工作中生根发芽，开花结果。"

得益于沟通便利、中老双方重视等原因，农冰村小学与中国广西、青岛两所小学先后开展校际交流互访，并多次接收中国驻老使馆、华为公司、广西教育机构的物资捐赠，逐步成为中老友好交流的重要平台。

（三）教育扶贫项目增进了中老两国民心相通

对老教育扶贫示范项目的实施不仅改善了当地的教学条件，提高了教育水平，同时也增进了两国人民的感情和友谊。农冰村小学校长苯妮表示，中国和平发展基金会不仅给学校提供了良好的教育基础设施、宽敞明亮的教学楼及配套设备，还给老师和学生提供了学习用的教材及其他用品，在这么良好的条件和环境里上课和学习，师生们觉得很幸福，都很感谢基金会。当地政府负责人表示，农冰村小学项目极大改善了当地适龄儿童的就学条件，为当地群众带来了新的希望。老挝人民感谢中国人民对老挝教育领域的宝贵援助。

2019年4月21—27日，中老友好农冰村小学师生代表一行8人应邀参加第二届"一带一路"国际合作高峰论坛"民心相通"分论坛活动。来华前，学校师生希望能为"一带一路"倡议的提出者习近平主席献上一份礼物。于是他们拿起画笔，以画传情，并精心挑选出58幅画作展现"一带一路"建设给自己的学校、家乡和世界带来的变化，制成《我们的丝路故事》画册，寓意中老建交58周年，同时还将心中的千

中老友好农冰村小学师生代表在参加第二届"一带一路"国际合作高峰论坛时向中方赠送《我们的丝路故事》画册

言万语落到纸上、汇成文字,书写了一封致习近平主席的信,表达了中国援建中老友好农冰村小学的真诚谢意。4月30日,习近平主席给学校师生回信,勉励他们做中老友好的接班人。习主席在信中表示,中老加强合作,让更多惠民项目落地,可使我们的生活更加幸福。期待更多像中国和平发展基金会一样的民心相通使者,在"一带一路"沿线各国开展合作、造福民众。

(四)援建农冰村小学示范项目得到广泛推广

援建农冰村小学项目取得成功后,老方希望与基金会进一步深化合作，拓宽项目覆盖范围。根据老方提报项目方案，基金会多次派工作组赴老进行实地考察并听取老方汇报和建议，综合考虑对项目的需求程度、紧迫性、受益范围等因素，在老挝多地又成功实施了多个教育类扶贫项目。

援建中老友好潘赛村中学项目。2013年12月，基金会与老挝和团委签署合作协议，由基金会出资45万美元支持老方在琅勃拉邦省潘赛村建设1所中学，学校包括1栋2层教学楼、操场和卫生间等。项目建设期间，村民为支持项目建设，主动将自家房屋拆除另择址重建。2015年4月项目竣工；5月，基金会与老挝和团委签署项目补充协议，由中方出资10万美元，用于为中学修建教学楼前后护坡、水电连通设施、入校道路等。项目完工后，该校成为当地教学条件首屈一指的学校，报名人数猛增，招生名额供不应求。目前学校有10个班、32名教师及600多名学生。新学校的启用有效解决了周边4个村适龄青少年的就学问题。

援建中老"丝路之友"4所学校项目。2015年8月，基金会与老挝和团委签署项目协议，由基金会出资40万美元，在老挝西北部万象省、与中国接壤的琅南塔省和乌多姆塞省4所乡村学校实施援建项目，在每所学校内援建一栋符合老挝教育与体育部规定的标准面积教学楼。2016年11月，基金会工作组赴老验收项目并举行竣工交接仪式。在4所学校援建的教学楼投入使用后，可同时容纳800名学生就读，学校的教学条件大幅改观，学校师生教学、生活环境显著改善。

援建老挝万象市孟诺学校项目。根据老方提报情况，老挝万象市孟诺学校在校学生800名,仅有9间教室,校舍屋顶曾遭暴雨破坏。小学及初中部每班现有约80名学生,严重超出老挝教育部规定的人数上限。2017年5月,基金会与老挝和团委签署协议,由基金会出资在孟诺学校校园内建设1栋2层教学楼,并修缮2间教工宿舍。2019年1月项目竣工,教学楼投入使用,可同时容纳500名学生就读,较好地解决了孟诺学校校舍不足的问题。

援建中老"丝路之友"智慧校园项目。为进一步改善基金会援建学校的教学条件,打造更多中老合作示范项目,2018年9月,基金会与老挝和团委签署"丝路之友"项目合作协议,由基金会出资10万美元,在老挝已援建的学校内各开设一间多媒体图书室,并根据教学实际需要捐赠电脑、打印机、投影仪、照相机、扩音设备及有关图书,打造智慧校园。该项目预计将于2020年全部完成。

援建中老"丝路之友"5所学校校舍项目。2018年,老挝全国13省遭受严重洪灾,学校等大量民生基础设施损毁严重,灾后重建面临巨大压力。为帮助灾区早日恢复正常生活,2018年9月,基金会与老挝和团委签署"丝路之友"项目合作协议,由基金会出资50万美元,为遭受洪灾的巴塞省、川圹省、沙湾拿吉省共5所乡村学校各援建1栋符合老挝教育与体育部标准的1层教学楼。该项目预计将于2020年完工。

三、对外教育扶贫应注重"准""实""情"

中国和平发展基金会自 2012 年起开展对老挝教育领域扶贫项目，7 年来，通过与老方长期合作，取得了良好的综合效果。主要经验与体会如下：

第一，对外教育扶贫需贴近对方需求，调动对方积极性。基金会在老开展教育援建项目时注意依据对方提报的情况，并通过实地调研论证进行筛选，选择对方最急需且受益范围较广的学校立项，这种方式既尊重了对方的主体地位，又贴近对方的实际需求。另外，在选择合作伙伴时，注重老挝和团委的合作经验、信誉度和项目执行力，同时加强双方利益捆绑，充分激发和调动其合作积极性和主动性，确保了项目的顺利开展和后期可持续运行。

第二，对外扶贫项目应聚焦重点，打造精品。国外扶贫项目通常面临问题多、资金少、距离远等多种问题，很难"面面俱到"提供援助，只能通过聚焦重点、打造精品项目，通过成功经验的复制推广，实现以点带面，推动扶贫效果的最大化。在老挝社会发展最迫切的诸多需求中，基金会选择了在教育扶贫领域长期投入，改善最基层民众受教育水平，既契合了老党和政府的发展战略与工作目标，又让当地百姓有更多的获得感和受益感，使基金会相对有限的扶贫资金发挥了最大作用。

第三，教育类扶贫项目应注重硬件软件一起抓，实现效果最大化。通过开展中老农冰村小学援建项目，基金会初步探索和建立了"教学楼援建+教育设施捐赠+汉语教师志愿者派遣"的有效模式,得到了老方的认可与支持。老方在提报援建学校时,都主动请求模仿农冰村小学模式为项目打包升级:援建校舍、配备教育教学物资、派遣汉语教师志愿者、开展汉语教学等。同时,在开展对老教育援建项目时,特别注意做好媒体宣传报道,引导老挝民众积极响应;争取中老双方国家领导人的关注和支持,在扩大项目影响、引起社会关注、发挥示范效应等方面起到了很好的帮助作用。

第四章 从亚洲到非洲：中国扶贫"走出去"

"立体扶贫"奏响草原新牧歌
——蒙古公益扶贫模式探索

中国与蒙古国（简称"蒙古"）山水相连，拥有4700多公里的漫长陆地边界线。蒙古地处亚洲中部的蒙古高原，是一个欠发达的内陆国家，长期实行计划经济，工业体系尚未建立，采矿业和牧业是其支柱产业，民生领域建设面临诸多困难。蒙古是"一带一路"沿线重要节点国家。本着"和平友善、共同发展"的理念，中国和平发展基金会（简称"基金会"）将蒙古列为"走出去"援助扶贫项目的重点对象。

截至2019年8月，基金会先后与蒙卫生部、汗噶尔迪协会等机构合作，围绕教育、医疗、人文交流3个领域，合作开展了一系列援助扶贫项目，包括举办"中蒙友好光明行"活动，援建"中蒙友好职业技能培训中心""中蒙青格尔泰区儿童诊所""中蒙友好库盟幼儿园""中蒙纳莱哈区儿童诊所"，开展"丝路之友"高级研修活动等，中方累计投入逾300万美元，蒙方受惠人数高达数10万。基金会在蒙开展的扶

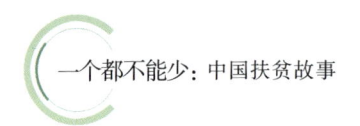

贫项目，为促进蒙经济社会发展、减少贫困作出了积极贡献。

一、为了友好邻邦的转型发展

冷战结束后，蒙古经济开始向市场经济转型过渡，实施了一系列符合蒙古国情的改革措施。经过 20 多年的努力，蒙古已逐步走出经济低谷，但贫困现状依然严重。2008 年，蒙古制定和实施《千年发展目标》，按照该目标，到 2015 年蒙古的贫困程度应下降到 1990 年的一半，即贫困人口比率为 18%。然而，由于职业教育政策失当，蒙古中高级职业技能人员严重匮乏，出现供不应求的情况，成为蒙古经济发展的重要制约因素之一。此外，蒙古的医疗卫生特别是儿童医疗卫生条件和服务水平相对落后，影响国家的可持续发展。直到 2017 年，蒙古的贫困率仍高达 29.6%，失业率高达 9.6%。蒙古的扶贫开发工作任务艰巨。

基金会自成立之日起，就积极开展对蒙古的扶贫帮扶工作。多年来，基金会多次组织人员赴蒙古实地考察，走访相关领域专家学者，积极同蒙古方面进行座谈交流，了解对方实际需求，同时结合自身情况，决定从教育、医疗、人文交流 3 个领域入手，在蒙打好援助扶贫"组合拳"。2016 年 10 月，在中蒙两国高层领导的共同见证下，基金会与汗噶尔迪协会签署了《2017—2020 年度合作备忘录》，标志着对蒙援助扶贫工作迈上新的台阶。

二、着力开展教育、医疗帮扶和人文交流

（一）教育扶贫——职业教育与学前教育相结合

开展中蒙友好职业技能培训，援建培训中心。2012年，基金会面向蒙全国招收100名家庭生活困难的学员，其中男性57人、女性43人。培训科目主要包括点心面包烘焙、毛毡及制品加工、重工机械维修等3项。据统计，参加毛毡及制品加工培训的学员中，80%为有意从事该领域的失业者；参加重工机械维修和烘焙技能培训的学员中，这一比例分别为70%和42%。2013年，基金会在蒙再次组织开展了职业技能培训，并出资援建"中蒙友好职业技能培训中心"，培训中心具备培训、

基金会援建的中蒙友好职业技能培训中心落成移交庆典仪式

教学等功能，是基金会在蒙开展职业技能培训项目的永久性教学基地，能够长期造福蒙普通民众，特别是青年群体。

职业技能培训项目向学员提供理论与实践相结合的培训课程，学员在无需负担任何培训费用的情况下，可从两方面受益：一是培训项目可提供实践机会，帮助参训学员提前适应工作岗位的具体要求；二是部分学员毕业后可获得相应岗位的就业机会。蒙方表示，此类培训项目社会反响良好，是中国人民帮助蒙古人民实现"吃得好、穿得暖、住得好"梦想的一大善举。

援建中蒙友好库盟幼儿园。蒙古中央省省府宗莫德市距蒙古首都乌兰巴托市45公里，是乌兰巴托周边最重要的卫星城，承担着疏解蒙首都功能的重要任务。近年来，宗莫德市人口增长迅速，但全市幼儿园数量远不能满足当地幼儿的就学需求。2016年，基金会应蒙方要求，在宗莫德市出资援建中蒙友好库盟幼儿园，并顺利竣工、交付启用。

基金会援建的中蒙友好库盟幼儿园

2016年春节前夕,蒙古人民党主席、国家大呼拉尔主席米·恩赫包勒德致信基金会,表示:"孩子是蒙古的未来,对于建造幼儿园促进儿童教育之事,我表示衷心的感谢!"中蒙友好库盟幼儿园凭借良好的硬件设施以及顺畅的幼小衔接条件,现已成为当地重点幼儿园,额定容纳儿童75人,实际入园儿童已超百人并持续增加,入园名额成为当地稀缺资源。

(二)医疗帮扶——重点援建儿童诊所

援建中蒙青格尔泰区儿童诊所。青格尔泰区是乌兰巴托市最大的行政区,区内只有1家中心医院,内设儿科,但空间狭小、设备简陋陈旧。该区医疗条件差、儿童就医难的问题亟待解决。通过数次实地调研,基金会认为在该区援建儿童诊所具有必要性和可行性,符合立项条件。2015年,基金会出资援建1栋使用面积约1000平方米的3层门诊楼(地上2层、地下1层)。另外,在门诊楼落成前,为提高诊所医疗条件和服务水平,基金会邀请儿童诊所医护人员一行20人来华开展为期3周的进修交流,并向诊所捐赠彩超机、X光机等医疗设备。

自儿童诊所投入使用以来,累计接诊8万人次,当地不少外区家长慕名带孩子来诊所就诊,诊所的内科、牙科、放射科等科室常常一号难求。与此同时,在秋季儿童季节性疾病高发期,诊所定期组织医护人员赴周边地区开展医疗巡诊活动,为儿童进行疾病筛查及预防工作。目前,该区儿童季节性疾病预防保健工作及小病就诊率大幅改观,儿童重病率

① 基金会援建的中蒙青格尔泰区儿童诊所落成移交
② 基金会援建的中蒙青格尔泰区儿童诊所医护人员来华学习交流

下降64%以上，儿童健康水平明显提升。

援建中蒙纳莱哈区儿童诊所。纳莱哈区距乌兰巴托市中心40公里，为首都人口最多的远郊区，虽多条交通干线在此交汇，但该区医疗服务尤其是儿童医疗服务却无法覆盖全区。区医院空间局促，设施设备严重老化，无专门儿科门诊部，儿童接诊能力十分有限。基金会援建的中蒙纳莱哈区儿童诊所建成后，成为乌兰巴托市远郊区中唯一的公立儿童医疗机构，也是全市最大的儿童诊所，直接惠及该区1.5万名儿童。该儿童诊所内设儿童内科、呼吸科、耳鼻喉科、外科等基础科室，并含50个床位的住院部。蒙方在完成基金会协议要求的基础上，自筹资金为诊所配套氧气供应系统，并针对当地交通、生产事故高发等问题，增设一间手术室和一间血库，为提升当地急救能力发挥了重要作用。

援建中蒙巴彦祖尔赫区儿童诊所。巴彦祖尔赫区为乌兰巴托市最大区，也是首都地区人口数量增长最快的地区之一。2006年，该区有家庭4.4万户，总人口约18万人；2017年，该区家庭增至10万户，总人口超35万人。该区区医院虽设有儿科，但相关卫生服务设施老化严重，无法满足当地儿童就医的迫切需求。2018年5月，基金会出资50万美元，在巴彦祖尔赫区援建一栋使用面积约1060平方米的四层儿童门诊楼，内含呼吸道感染诊室、隔离室、重症监护室、牙科诊室等。该项目于当年12月份竣工。门诊楼交付使用后，不仅彻底改变了原有区医院儿科服务设施陈旧、设备老化的情况，而且极大地改善了该区儿童就医环境，更好地满足了当地儿童就医的需求。2019年1月，基金会追加15万美元，专项捐助巴彦祖尔赫区儿童诊所购买所需的医疗设备和器械。该批医疗设备及器械到位后，极大改善了该诊所的基础医疗硬件条件，保证了诊所内各科室的正常运转。

（三）人文交流——媒体与电商交流相结合

邀请蒙古新媒体发展高级研修团访华。为增进中蒙新媒体从业人员的交流合作，充分发挥新媒体在中蒙扶贫合作中的宣传报道作用，基金会分别于2012年5月、2014年5月、2015年3月和2016年1月邀请蒙古新媒体发展高级研修团4批共74人次访华。《蒙古新闻报》、《蒙古真理报》、《民族邮报》、蒙古国家公共电视台、乌兰巴托电视台、蒙古电视五台、蒙古网络协会等蒙主流媒体均派代表参团。研修团成员表示，通过在华期间的交流学习，充分了解了新媒体现状和趋势；通过实地走访，看到了中国在扶贫方面做出的巨大努力和取得的优异成绩。希望今后能与中国媒体建立信息交流机制，多了解中国在促进经济社会发展、建设小康社会等方面的成功经验，促进蒙古国的经济社会发展。

为推动中蒙电商领域发展的经验交流，助力蒙古的扶贫开发工作，2014年6月，基金会与蒙古工商会合作，组织蒙古电子商务和物流发展高级研修团一行15人访华。在华期间，研修团围绕中国电商发展情况、现代商业环境下电商的发展前景等议题，与中方有关专家学者进行了深入交流。考察团成员表示，没想到中国电子商务竟然有这么大的发展，已经形成了系统的产业链条，中国百姓网购既方便又快捷，十分钦佩中国在这方面的成就。一定要把中国先进的电商发展理念和经验带回去，

第四章 从亚洲到非洲：中国扶贫"走出去"

蒙古新媒体发展高级研修考察团访华

让蒙古国也能借助电子商务这一新兴业态，实现国家经济社会的现代化发展。

三、"立体扶贫"需要"立体思维"

基金会在对蒙开展援助扶贫工作中，坚持将中方所长与蒙方所需相结合，将自身能力与蒙方实际情况相结合，将中方努力与蒙方主观能动性相结合，逐步探索出一条在蒙开展"立体扶贫"的有效工作模式。主要经验与体会如下：

第一，要找准项目的合作契合点，减少阻力。对外援助扶贫切忌单方面以中方所擅长或已有资源划定项目选择范围，作为项目立项条件。不契合外方需求的项目，外方政府和民众的配合度和参与度往往较低，从而会影响项目的整体推进。基金会在蒙古开展的扶贫项目，契合蒙方在 2011 年制定的促进经济社会发展、减少贫困的政策和目标，关注青年、儿童这一重点人群，从立项到执行均得到了蒙政府的积极配合和重点关注，蒙民众反响热烈。

第二，要充分评估项目预期效果，确保风险可控、效果良好。项目方向选定后的关键问题是如何设定项目预期，要围绕满足基层民众需求、切实改善民生等目标来设计项目方案，不盲目追求高大上。基金会在蒙古选择的培训领域门槛要求低、培训周期短、就业几率高，学员通过培训能够相对快速地掌握相关领域的基本技能与实践经验，从而获得利用一技之长，拥有自力更生的能力；开展的医疗类援建项目，对选址地点的周边环境、医疗设备需求、医护水平等进行了通盘考虑，不仅注重对硬件设施的改善，同时也注重对软件水平的提升，切实解决了当地民众就医难问题，保障了医院后期的良好运营。

第三，要重视做好对外方合作机构的甄别与考察工作。初次项目宜优先选择与外方政府推荐的机构进行合作，其背景和资源可帮助降低项目在审批过程中可能发生问题的概率。双方在磋商阶段，要明确各自职责，对因非人为因素导致项目延期的情况，要给予一定理解，但必须明确完工时间，督促所在国一方树立契约意识，遵守契约精神，同时也要展现我方的积极合作态度，体现专业水准。此外，在合作过程中，还要细致、认真地考察外方合作机构的执行力、资源拥有度和群众基础，以此来评估该合作伙伴是否可以长期合作。

第四，要发掘项目的支点作用，引导外方积极参与。在对外援助合作中，要积极引导外方参与项目，形成合力。要根据当地市场的人才供需情况和经济社会发展趋势等，选择做一些有吸引力、有拓展力、有辐射力的项目。基金会将在蒙援建的职业技能培训中心、儿童诊所、幼儿园作为支点，有效撬动了蒙方资源和资金投入，使蒙方从项目的受助方转变为项目的参与方，将"救济式"扶贫转变为"开发式"扶贫。这种模式不仅扩大了项目的辐射范围，同时也培养了项目的"造血"功能，保证了项目的可持续发展。

共筑周边命运共同体
——东亚减贫合作之柬埔寨示范项目

一衣带水，同舟共济，中国与东南亚国家自古以来关系密切。中国长期致力于发展同周边国家睦邻友好关系。2013年，习近平总书记提出"坚持与邻为善、以邻为伴，坚持睦邻、安邻、富邻"周边外交的基本方针[1]。多年来，中国大力分享自身发展红利与减贫经验，与周边国家携手互助，患难与共，用行动构筑命运共同体。

2014年11月，李克强总理在缅甸出席第17次东盟与中日韩(10+3)领导人会议期间，正式提出了开展东亚减贫合作的倡议，表示中国政府愿意提供1亿元人民币，与相关国家开展乡村减贫推进计划，建立东亚减贫合作示范点。在此倡议之下，"中国—东亚乡村减贫合作示范项目"应运而生。2015年，中国外交部、商务部、国务院扶贫办等相关部委

---

[1] 《习近平在周边外交工作座谈会上发表重要讲话》，人民网，2013年10月25日，http://politics.people.com.cn/n/2013/1025/c1024-23332318.html。

第四章　从亚洲到非洲：中国扶贫"走出去"

建立部门协调机制，选择确定与柬埔寨、老挝、缅甸3国进行示范合作。

2017年7月，中国援柬示范合作项目在柬埔寨干拉省莫穆坎普区斯瓦安普乡谢提尔普洛斯村和斯瓦安普村启动，由中国国际扶贫中心委托四川省扶贫移民局派出的常驻专家组与柬埔寨农村发展部合作进行。在为期3年的项目中，中国专家以中国扶贫开发"整村推进"的工作经验为基础，以社区发展需求为导向，瞄准贫困对象实施精准帮扶。通过向柬埔寨提供资金和技术支持，中国专家队帮助示范村修建了道路、供水等基础设施，建立了农村卫生室、学习中心等公共服务设施，还扶持村民发展养殖、生产等技术，改善了柬埔寨项目村人民的生活条件，增强了社区自我发展能力，为柬埔寨政府和人民乃至东亚国家消除贫困、改善民生提供了示范。

一、"东亚减贫合作倡议"推动中国东盟合作

柬埔寨王国位于东南亚中南半岛，领土总面积约18万平方公里，人口约1640万。2011年以来，得益于旅游业、服装业、建筑业等产业的发展，柬埔寨的国内生产总值（GDP）增长率均在7%以上，2017年GDP为642亿美元，人均GDP约为4000美元。[1] 然而，柬埔寨至今仍然是亚洲最为贫困的国家之一，官方数据显示，2014年柬

---

[1] 数据来源：美国中央情报局数据，2019年5月更新，https://www.cia.gov/library/publications/the-world-factbook/geos/cb.html。

埔寨的贫困率为 13.5%，90% 的贫困人口生活在农村地区，约有 450 万人口仍然处于接近贫困、风险抵抗力脆弱的状态。[1]

65 岁的毛德是柬埔寨斯瓦安普村的一级贫困户，35 岁的女儿曾在 40 公里外的金边打工，后患病在家休养。由于女婿抛弃了妻儿，毛德与老伴带着两个外孙和患病的女儿一起，挤在一间 30 平方米的简陋房屋里。房屋年久失修，房顶四处漏水；碰上雷电暴雨时，一家人在风雨飘摇的屋子里瑟瑟发抖，抱团祈祷，有时不得不去别人家避雨。一个 37.5 美元的照明蓄电池，5 口储蓄雨水的大水缸，就是一家人最贵重的"家具"。过去女儿做杂工每天能够有 6 美元的收入，但是如今生病无力劳作，还被公司拖欠了 200 美元的工资。现在，老人一家靠儿媳妇家的 600 平方米土地营生，每年种植辣椒收入 200 美元，一家人生活捉襟见肘。

毛德家是柬埔寨贫困农村现状的缩影。项目所在的两个村庄里，大多数农户都生活在无电、无水、无厕所、无牲畜圈的落后环境中，不仅遭受饥贫之苦，还罹患病痛之疾。柬埔寨仍然面临贫困人口规模庞大、发展水平低、社会经济发展不平衡等突出问题。柬埔寨政府高度重视农村减贫工作，将减贫纳入国家战略发展规划中。

近年来，柬埔寨等东盟国家与中国的经贸文化往来日益密切，中国政府致力于协助周边国家应对发展挑战，减贫成为"21 世纪海上丝绸之路"的合作亮点领域。根据李克强总理在第 17 次东盟与中日韩 (10+3)

---

[1] 数据来源：世界银行，2019 年 4 月更新，https://www.worldbank.org/en/country/cambodia/overview。

领导人会议期间提出的"开展东亚减贫合作倡议",中国商务部援外司、国务院扶贫办国际合作和社会扶贫司与柬埔寨财经部于 2015 年 3 月签署了《关于开展减贫示范合作的会谈纪要》。受中国国际扶贫中心委托,中国扶贫基金会与四川农业大学的可行性研究专家组先后赴柬埔寨调研,深入项目社区,与柬埔寨相关政府部门和当地群众展开交流,初步确定了减贫示范合作技术援助项目的内容。

2016 年 2 月,中柬两国通过政府间换文立项,达成了合作实施项目的协议,并在 2017 年 2 月签订了项目《实施协议》。同年 7 月,四川省扶贫开发局项目中心派出中方常驻柬专家组,拉开了中国援柬减贫示范合作的序幕。

二、授之以"鱼",且授之以"渔"

(一)摸查村民生活情况,关怀到户温暖人心

中方专家组到达柬两个项目村里后,与中柬联合项目管理办公室(JPMU)工作人员以及乡政府干部召开会议,讨论了解农户生活需求情况。然而,专家组发现村子从来没有开展过类似调查,也没有一个乡村干部了解整体情况。缺少统计数据,项目设计的精确性与后期效果就会大打折扣,这是中方专家面临的第一个挑战。

为确保项目能够满足村民的生活需求,做到精准有效,专家组毅

然决定亲自开展调研，摸清每户生活情况与具体需求。从 2017 年 9 月 17 日开始，专家组成员与村干部形成两个小组，深入到贫困户家中，挨家挨户了解民情。东南亚的热带气候高温潮湿，专家组成员冒着烈日外出考察，强忍着身体暴晒后的过敏性反应，将汗水与满腔热情挥洒在这片热土上。经过连续 7 天的艰苦调研，专家组终于核实了村民的生活情况，形成了贫困户电子档案：两个项目村共有无电户 112 户、无饮用水农户 337 户、无厕户 245 户、无动物圈舍户 685 户……中国专家的爱岗敬业、坚韧不拔、务实肯干精神，获得了当地老百姓与干部的交口称赞。

在获得详实数据后，项目组着手改善社区环境。为了让村民住上卫生安全的家，项目组为 100 户贫困户修建了厕所，为 82 户贫困户接入了照明用电，为 500 户农户各发放了 2 个灶头、1 个灶台，并为 11 户特困户重建了新房……这些暖心的行动，让当地百姓的生活环境得到了极大改善，生活质量显著提高，初步体现了中国援柬项目的扶贫效果。

然而，专家在复访重建房屋时，发现有 5 户新房屋并没有贫困户搬入居住。这是怎么回事？是村民们不满意吗？专家组成员们感到疑惑不解。

当地副村长解释道："村民们认为，中国人帮助自家修建的新房，迁新居不能没有中国人的许可！"

这质朴的语言，是受助村民情感的自然流露，是村民们对于中国援助的尊重，是对中国专家队工作的认可！同时，专家组意识到，贫困群众人穷志不穷，也需要别人的认同与理解，只有双方取得了情感上的相互尊重与坦诚沟通，援助工作才能"把好事办好"。

看着群众真诚、期盼的眼神，专家组赶忙解释："新修的房屋就是你们的新家，只要大家伙儿满意，随时都可以住进去！"

（二）援建社区活动中心，提升公共服务水平

斯瓦安普乡政府坐落在项目村境内，负责管理全村的政治、经济与文化等事务。专家组调查了解到，由于缺少像样的活动场所与设备，乡里从未开展过大型的村民活动，即使举行选举，村民也只能在乡政府前面的草地排队进行，为乡政府的工作带来了很大不便。

在了解乡民的困难后，中方专家召开了会议，计划为乡政府配齐工作设施。2018年12月，中方在乡政府院内建成了一栋总面积400平方米的社区活动中心，并配备了6台办公电脑，打印机、投影仪若干，办公桌椅、文件柜多套，以及培训室兼食堂100套桌椅等。从此，乡政府搬入了宽敞明亮的办公室，村干部可以便捷地召开村民动员会，群众有了集体活动的场所。

在活动中心刚竣工时，发生了一段小插曲。新修的水泵被盗，而其他公共办公设施也面临失窃风险。中方专家组对此高度重视，当即与柬埔寨官员在乡政府召开会议讨论安全问题。经过中柬双方协商，中方负责加强活动中心的安全设施，乡政府暂时代为管理，而后由柬埔寨干丹省农发厅派人管理。

活动中心是中国援助柬埔寨减贫示范项目的惠民工程，具有议事、

培训、活动与服务等多方面功能。2019年年初，项目组利用该活动中心为村民开设了多次课程班，取得了良好的效果。活动中心满足了群众的生活与文化需求，并且提升了地方政府办事效率，推动了项目村的有效管理。

（三）开展技能培训，引导群众自力更生

由于缺乏文化知识和技能，斯瓦安普村不少乡民待业在家，收入非常低。为解决乡民的就业问题，中柬联合项目办公室（JPMU）特别为村民举办了劳务技能培训班，为乡民创业增收提供条件。

2019年1月，首届培训班在斯瓦安普乡活动中心正式举办，吸引了两个项目村40名村民参与。在为期5天的培训中，项目组邀请了柬埔寨金边市经验丰富的中式面点师、家政服务人才以及相关项目官员，通过现场示范与实际操作等方式，为村民进行了创业思维、中式面点制作、家庭生计等方面的知识培训。

在活动结束时，有38名学员按时完成所有学习任务，获得了柬埔寨农村发展部农经司印制的培训证书。中方专家组成员通过电话网络等形式，积极向金边市中资企业发布培训信息。在活动结束当天，有6名学员被金边市面点食坊、中国餐厅、美容美发等企业预订录用。

参训学员表示，他们从未参与过类似的培训项目，不仅学到了就业的基本技能，还获得了极大的启发，将会积极寻求更多的就业渠道。莫穆坎普县县长董·休枚先生对中方专家组说，村民感恩能有这样的学习

机会，希望继续参与类似的培训活动，争取学有所成，带领家庭增收致富。

除了在当地群众中开展技能培训，中方还邀请了柬埔寨项目相关各级官员来华考察调研。2019年4月，中国援助柬埔寨减贫示范合作项目第2期来华培训项目在四川举办，柬埔寨农村发展部国务秘书英·占塔带队，柬埔寨农村发展部、相关县、乡负责人等17位代表来华考察了产业扶贫、电商扶贫与旅游扶贫等项目，并通过培训深入了解中国扶贫经验。考察官员表示，将把中国的优秀经验带回国内，为柬埔寨产业与减贫事业发展注入新的活力。

专家组人员手记——精准扶贫改善柬埔寨人民生活

2018年10月，在考察了解毛德一家的生活困难后，我们资助毛德重新修建了新房，完善了厕所设施，发放了灶台和灶头等生活用品，并帮助他们解决了照明电和饮水难的问题。

2019年年初，为了解一家人生活现状，我们再次来到了毛德家。在正午的骄阳中，来不及穿上衣的毛德立即前来迎接我们，与妻子紧紧握住了我们工作人员的手，连连道谢："松斯瓦贡，松斯瓦贡！"（意为欢迎）。尽管语言不通，但是从两位老人满满的笑容中可以看出，他们对现在的生活非常满意，对我们的到来感到非常高兴。

"终于盼到你们来了！你们看看，我家现在干净不？"毛德的老伴拉着我们的手，笑得合不拢嘴，用柬埔寨佛教礼仪合什礼一再表示："谢谢中国的兄弟姐妹，你们帮助我建设了新房，还帮助建了厕所，通了电，下雨天我们一家再也不担惊受怕了。"

看到老人满脸的幸福，我们为中国援助项目取得的效果感到自豪。我们将继续帮助老人家开发新的产业扶贫项目，如种植与养牛，并就近安排他们的女儿就业，从而解决家庭收入问题。

为援助柬埔寨等东盟国家减贫与可持续发展，中国政府开展了大量工作。"中国—东亚乡村减贫合作示范项目"帮助柬埔寨等国完善了农村基础设施，改善了人民的生活质量，并且借助办培训班、援建公共服务中心等项目，提升了群众的自主发展能力，推动了项目所在国减贫事业的发展。

三、扶贫"走出去"既要讲"义"，也要见"利"

中国发起的"东亚减贫示范合作项目"在缅甸、老挝和柬埔寨取得了有效成果，澜湄合作机制也将减贫作为重点合作领域。

柬埔寨农村发展部大臣乌拉本高度评价中国为东盟国家社会发展和减贫所作出的贡献："中国在减贫领域取得了举世公认的成就，中国的经验为东盟国家社会发展和减贫提供了诸多有益借鉴。"[1] 东亚减贫合作在柬埔寨的示范项目，是中国扶贫道路在海外延伸的成功实践，也是构建周边命运共同体的中国担当。主要经验与体会如下：

第一，扶贫"走出去"必须坚持道义为先，促进互利共赢。习近平在2013年周边外交工作座谈会上发表重要讲话强调，在处理对外关系

---

[1] 《因地制宜，中国东盟推进减贫合作》，人民网—人民日报，2017年7月28日，http://world.people.com.cn/n1/2017/0728/c1002-29433536.html。

时应"找到利益的共同点和交汇点,坚持正确义利观"。中国帮助柬埔寨示范村改善基础设施,培养村民职业技能,不附加任何条件,目的是促进柬埔寨国家社会发展,并提升区域整体发展水平,受到了柬埔寨人民的欢迎。

第二,扶贫"走出去"必须坚持以人为本,使援助成果切实惠及当地人民。中国项目组在深入考察柬埔寨当地民情基础上,实施精准扶贫方略,援建民生项目,改善民众生活条件,解决困难群众生活诉求,使人民安居乐业,老有所养。此外,还帮助当地进行基础设施建设,挖掘人力资源,为其长期发展打下了良好基础。

第三,扶贫"走出去"必须注重"授人以渔"。东亚减贫合作在柬埔寨的示范项目通过开办技能培训班,援建公共服务中心等,使当地贫困地区村民与干部广泛参与到项目中,不仅提升了群众的生活质量,还培养了本土人才和技术力量,增强了脱贫发展的内生动力,达到扶贫且扶志的双重效果,推动受援对象逐步走上自力更生、独立发展的道路。

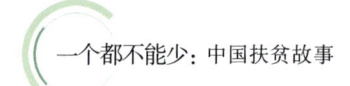

培养自主发展能力

——中国—坦桑尼亚农业与减贫合作模式探索

中国共产党人认为，对经济落后及综合发展水平低下的国家和地区提供力所能及的援助是自己应尽的国际义务。长期以来，中国政府在致力于自身消除贫困的同时，始终积极开展南南合作，并将对第三世界的援助视为一项长期的战略任务，力所能及地为广大发展中国家，特别是最不发达的非洲国家消除贫困，提供支持和帮助。

2011年，中国国际扶贫中心与坦桑尼亚政府合作，在坦桑尼亚莫罗戈罗省农村基层社区建立了其在非洲的第一个村级示范项目——"中坦村级减贫学习中心"，旨在通过能力建设、制度建设、农业示范、技术培训、基础设施建设等项目，向非洲国家实地展示中国通过促进农业和农村发展实现减贫的实践经验，使之成为面向非洲开展减贫交流与合作的示范基地和实地交流平台。截至2017年年底，该项目累计总投入约74.8万美元，在中国专家团队的指导下，全村共189户农户参与了项目组织的示范活动，参加项目的农户农业生产能力和效率获得明显改善。该项目实现了"花小钱办大事"的目标。

"中坦村级减贫学习中心"项目在当地产生了积极广泛的社会影响。项目深入基层、贴近民生，被中国时任驻坦大使吕友清誉为"上至总统，下至贫下中农"尽皆关注的扶贫模式。

一、"农业第一"国的减贫需求

坦桑尼亚是个典型的以农业为主的非洲国家，80%以上的人口生活在农村，从事农业生产，农业总产值占该国GDP的比重为25%。同时，农业也是该国出口创汇的重要来源，对出口换汇的贡献率达30%。更重要的是，农业还为国家提供粮食安全的保障。总而言之，农业是坦桑尼亚国民经济的基础，是国家实现减贫和经济起飞的关键性力量，该国实行"农业第一"（Kilimo Kwanza）的政策。然而，独立五六十年来，坦桑尼亚无论是在农业、减贫，还是总体经济发展方面，仍存在诸多挑战。

与此同时，实行改革开放、实现快速发展和大规模减贫的中国，越来越多地受到包括坦桑尼亚在内的广大非洲国家的关注。对于正在努力推动自身发展和减贫进程的非洲国家来说，对同属于发展中国家的中国减贫经验进行系统性研究和借鉴具有越来越重要的现实意义。同一时期，中国对外援助也在不断向民生领域倾斜。

在此背景下，自 2009 年开始，坦桑尼亚总理致信中国国际扶贫中心（简称"国际中心"），请中方为其提供减贫领域政策咨询和技术支持。此后，国际中心与坦桑尼亚总统府计划委员会建立了合作关系，共同开展了大量与减贫和社会发展相关的活动，多次邀请坦桑尼亚总统、总理和各部长参加高层交流互访活动，产生了良好的政治和社会影响。经过多方协调和努力，在坦桑尼亚总统府计划委员会的支持下，以中国央企中非农业投资有限公司设在摩洛哥罗大区基罗萨县鲁代瓦乡佩雅佩雅村（Peapea）的剑麻农场为依托，在农场周边乡村启动了村级减贫学习中心项目，由国际中心为该项目的建设和实施提供资金和技术支持。该学习中心将作为一个分享和传播经验的示范场所，为坦桑尼亚乃至非洲提供学习中国减贫经验的实践案例，并使之成为面向非洲开展减贫交流与合作的示范基地和实地交流平台。

佩雅佩雅村位于坦桑尼亚摩洛哥罗大区基罗萨县鲁代瓦乡，距摩洛哥罗大区首府 120 公里，距达累斯萨拉姆 320 公里。佩雅佩雅村是鲁代瓦乡 6 个村之一，下有 4 个自然村，人口 454 户 2481 人，其中男性 1113 人，女性 1368 人；具有劳动能力的人口 581 人，其中男性 253 人，女性 328 人；丧失劳动能力的人口 47 人，65 岁以上的老人 245 人，5 岁以下的孩童 389 人。该村主要产业为农业，农作物以玉米、水稻、油葵为主。农户饲养牛 86 头、山羊 213 只、绵羊 19 只、猪 158 头。

该村经济发展能力低下，农户收入长期处于低水平的主要原因包括：农业基础设施薄弱，农田灌溉设施远远不能满足需求，缺水直接导致当地农田灌溉面积有限，农业生产效率低下；农村基础设施处于严重匮乏状态，远远不能满足村民的生产生活需求；农业技术水平落后，机械化程度低下；村民所采用的农作物品种普遍质量不高、产量偏低；村民的种植技术落后，加上缺乏农药和化肥等技术手段支持，导致农作物单产量长期处于较低水平；公共服务水平低下，教育和医疗服务匮乏，适龄青少年普遍不能接受中学教育，教育水平低下导致当地村民素质普遍不高，学习应用先进的生产技术面临较大的障碍，也减少了村民外出务工经商增加收入的机会。

鉴于此，国际中心将项目的主要目标定为提升社区自主发展能力和农业劳动生产率，借鉴中国农村扶贫开发的"整村推进"模式，在社区层面实地实践和示范中国通过促进农业和农村发展实现减贫的核心经验，为非洲提供中国开发式扶贫模式的实践案例。

二、参与式扶贫、侧重自主发展能力

（一）制度建设和能力建设

组建项目工作团队。国际中心和坦总统府计委分别安排定期协调人员组成项目管理小组，同时在当地基层设立项目管理实施小组，该小组以村委会为主体，包括当地乡长、村主任、政府推广员等干部成员。小组与项目专家一起工作，主要职责包括制定每年的工作计划、制定示范户选择标准、组织项目各项活动实施，以及监督检查、讨论并协助解决项目实施中出现的问题等。

　　进行制度建设。在项目委员会和指导团队、管理团队、执行团队组建后,协商讨论形成项目工作制度,包括项目的规划和执行原则、执行框架,项目的物资产权、责任分工、工作管理制度等。

　　开展能力建设。项目管理和实施小组主持实施各种培训活动,提高当地管理团队的能力,并提高他们对项目的主导性。

项目村村民与中方专家合影

（二）基础设施建设

在国际中心的支持下，当地工作团队共同建成了村委会办公室，修建了村道 1 条、卫生厕所 1 处、人畜引水管道和接水点 1 个。

（三）农业技术示范

第一，选取示范户。本项目示范村共有 4 个小队，每个小队开会提出示范户选择标准，然后由参会的村民展开讨论，投票决定是否同意提名人选。

第二，对示范户开展种植业和养殖业示范指导。在种植业示范方面，包括 5 项内容：良种推广，购买换种，改变自留种的习惯；合理密植；强调间苗；适量施用化肥；加强田间管理，包括耕翻土地、购买种子、田间实地示范播种、间苗定苗、除草、培土等。

在养殖示范方面，主要示范 3 项内容：养殖鸡，示范运作小型集约化养鸡棚，示范饲料配置和自动饲喂器具使用，示范定期注射疫苗减少蛋鸡死亡率；养殖奶牛，主要示范精料配置、防疫；养殖猪，示范饲养母猪、猪仔和育肥猪，饲料配置，防疫等。

第三，举办增产竞赛和表彰大会。为了进一步鼓励示范户学习技术获得高产的积极性，项目管理方在丰收季节举办了"玉米增产评比表彰大会"，表彰了 3 个等级的玉米示范高产优胜者。竞赛的成绩划分主要依据农户的测产数据。

① 中方专家指导项目村村民种植水稻

② 中方专家指导项目村村民种植玉米

③ 中方专家指导项目村村民种植玉米

（四）项目实施与监测：建立项目评估机制

村级减贫中心的监测评估体系主要采用参与式监测评估和第三方独立评估相结合的方式，其中主要以前者为主，内容主要包括对项目活动实施监测、对项目效果和影响进行评估等。

第一，对项目活动实施监测。包括对项目活动开展的情况、实施过程中遇到的问题进行监测，提出解决对策及对下阶段的计划和设计建议等。

第二，对项目效果与影响进行评估。在项目效果方面着重评估示范户学到的农业生产相关知识、农作物产量的提高、养殖产量的增加和家庭收入的增加等方面情况。在项目影响方面，着重评估示范户关于农业生产的意识改变、村项目实施小组能力的增强、示范户收入增加后的家庭生计的改善、非示范户向示范户的学习和技术采用等情况。

三、从怀疑到接受，一个非洲村庄的转变

项目最初进行得并不顺利。当地村民对用自家农田进行试验普遍存有顾虑。对于项目中方专家团队来说，说服农户参与示范活动不是一件容易的事。"最初，当地农户很不信任我们，他们习惯了把种子撒在地上，有得收就收。最初推广项目时说希望有较多示范户参与，但没人愿意在

自己的土地上做试验。"项目组成员、中国农业大学副教授唐丽霞说。

村民接受度低的原因有二：一是玉米在当地的自给率较高，商品化程度低，种出多少自己就吃多少，农民并没有太强烈的增产愿望；二是若按照中国做法，需要进行规整密集种植，这无疑会增加成本。中方专家团队只好跟村里的人商量，让村子集体拿出一块地，邀请10多户村民代表代为管理，按照中方提供的种植方式，收成归这些农户。因为不是在自己的耕地上耕种，即便失败他们也没有损失，新种植技术实验得以开展。结果，第一年获得成果后，越来越多的人开始接受新种植技术。

产量上升和收入增加直接反映到农村经济的活跃度上。村里盖新房、买自行车的人多了起来。村口的小卖部生意越来越好，过去两个月去城里进一次货，如今一个月要去两次。农民也开始有了储蓄意识，不再像从前有多少钱花多少钱。更重要的是，村民的态度从项目初期的"要我学"，变成了"我要学"。附近村的农户姆瓦纳伊什·拉亚布（Mwanaishe Rayabu）说，2015年的一天，她到佩雅佩雅村去串门，看到一块地的玉米长得非常好，就找到这户人家问他们是怎么种的。在该农户的帮助下，她学会了用绳子拉线播种、间苗、除草等。当年她家的1英亩（约0.4公顷）土地收获了9袋玉米，而之前只能收获5袋。

这个过程告诉我们，在非洲讲中国故事，要到田间地头讲，要跟当地人民的生产生活结合起来讲。不能只讲现在的中国故事，也要讲适合非洲发展阶段的故事。

第四章　从亚洲到非洲：中国扶贫"走出去"

四、中国减贫经验在非洲落地

在项目实施的 6 年中，中国国际扶贫中心与坦桑尼亚政府和农村基层组织的密切合作，主要经验与体会如下：

第一，在现有投入和技术条件下的"劳动密集型"农业发展技术在非洲基层推广是可行的。适度改进生产技术和增加劳动力投入，能够明显提升坦桑尼亚农村的劳动生产率，进而达到增收效果。在坦桑尼亚以及非洲的大部分国家，由于农业之外的产业不发达，无法吸收更多劳动力，新增劳动力只有通过农业才能就业，因而这个项目的试验对非洲农村减贫是非常有意义的。

第二，项目取得成绩来自重视村一级组织协调动员能力的提升。通过技术改进促进农业发展、继而推进减贫的这种方法，很大程度上往往并不完全取决于技术本身，而是在于基层政府、市场与农户之间的关系协调。佩雅佩雅村的实践说明，提高基层组织能力，强化其促进发展的职能，是促进农村发展的基本条件。

第三，发挥示范效应是项目顺利推进和可持续发展的重要方法。项目在进行之初并没有选择用村民自己的耕地进行示范指导，而是在村子的集体土地上进行试验，从而有效打消了村民对于试验不成功的顾虑。随着产量的增加，越来越多的人开始接受新种植技术，这样就建立起了村民与项目成果直接的利益联系，提升了村民对参与项目示范的积极性和责任心，从而确保了项目的长期发展。

第四，坦桑尼亚合作项目的实施经验表明，中国的农村扶贫经验在非洲农村基层社区具有较好的适用性。在坦桑尼亚农村的现有基础设施和技术条件下，推广中国以小农为基础的"劳动密集型"和简单技术改进农业发展模式是可行的。提升技术水平和增加劳动力投入，能显著提高当地的农业生产率、贫困村民的技术和创收意识，对帮助推进非洲的农村发展和减贫进程具有良好的借鉴意义。

后 记

本书由中国国际扶贫中心外事处承担撰写，中国和平发展基金会提供了两篇对外扶贫合作的案列。书稿的撰写得到了中国国际扶贫中心及中国和平发展基金会领导的大力支持和关心。书稿的素材主要来自近年来受到国务院扶贫办表彰的典型事迹和人物，并经有关专家调研论证。书中所涉案例的完善、配图、审核等，得到了相关各方（包括案例中提到的先进单位和个人）的协助。在此，一并表示衷心感谢！

本书编委会
2019 年 12 月

图书在版编目（CIP）数据

一个都不能少：中国扶贫故事/《一个都不能少：中国扶贫故事》编委会编写. -- 北京：当代世界出版社，2020.3（2021.4重印）

ISBN 978-7-5090-1528-5

Ⅰ. ①一… Ⅱ. ①一… Ⅲ. ①扶贫－案例－中国 Ⅳ. ① F126

中国版本图书馆 CIP 数据核字（2019）第 258532 号

书　　名：	一个都不能少：中国扶贫故事
出版发行：	当代世界出版社
地　　址：	北京市地安门东大街70-9号
邮　　编：	100009
邮　　箱：	ddsjchubanshe@163.com
编务电话：	（010）83907332
发行电话：	（010）83908410（传真）
	13601274970
	18611107149
	13521909533
经　　销：	新华书店
印　　刷：	北京中科印刷有限公司
开　　本：	710毫米×1000毫米　1/16
印　　张：	18.5
字　　数：	200千字
版　　次：	2020年3月第1版
印　　次：	2021年4月第3次
书　　号：	ISBN 978-7-5090-1528-5
定　　价：	88.00元

如发现印装质量问题，请与承印厂联系调换。
版权所有，翻印必究；未经许可，不得转载！